B
READ AND BE BETTER

8050

问题

如何拯救极限家庭

〔日〕川北稔 著 马静 译

GUANGXI NORMAL UNIVERSITY PRESS
广西师范大学出版社
·桂林·

前言

震惊社会的两起案件

2019 年 5 月 28 日清晨，一群小学生在神奈川县川崎市多摩区登户车站附近等待校车。突然，一名 50 多岁的男子双手持刀冲了过去……在这起案件中，一名小学六年级的女孩和一名送孩子上学的父亲遇害，伤者人数达 18 名。

四天后的 6 月 1 日，一名住在东京都练马区的父亲（70 多岁）用厨刀刺向了儿子（40 多岁）的胸部等多处部位，起因是儿子嫌"运动会的声音太吵"而开始暴躁，儿子被送到医院后确认死亡。据说父亲向有关搜查人员透露，儿子曾有家庭暴力行为，并有蛰居[1]倾向。他担心儿子会做出与川崎案

1　蛰居，特指不上学、不上班、不社交、不进入社会，自我封闭的生活状态。

件罪犯同样的事，所以杀了他。

川崎案件加害人与练马案件被害人的生活模式都接近蛰居状态，此事曝光后，在社会上掀起了轩然大波。但是，我想在此声明，蛰居状态并不会直接导致类似案件的发生。另外，像发生在川崎那样的随机杀人案，在杀人案件中也是极为罕见的。案件发生后，笔者在 NHK 电视栏目《周日讨论》（6月 2 日）中也说了同样的话，我们无法简单给此类案件归因。嫌疑人的暴力倾向是如何升级的，他们的个性特征又与案件有何关联，真相还有待查明。

浮于水面的中老年蛰居族实况

据说，案件发生后，前往蛰居族援助团体和行政机构咨询窗口做咨询的父母人数显著增加。

"虽然我不觉得自己的孩子会做出像川崎案件中那样的事，但相关报道接连不断，我还是借此机会来窗口问问。"与 40 多岁未婚无业的儿子同住的高龄父母如此讲述。

对大多数父母来说，他们无法想象自己像练马案件中的父母那样对待子女。然而，也有人悲痛地说道："我们也找不到其他人一起商量儿子的事，就这样几十年过去了。"关于蛰居的儿女，他们不知在何处咨询，也无法与人言说，在社会中变得孤立无援——许多身处同种境遇的父母，或许在练马案件中的父亲的身上，看到了自己的影子。

2019 年 3 月，即案件发生约两个月前，根据日本内阁府的公布，日本全国 40 岁以上的蛰居族预计超过了 61 万人。这是首次以中老年人为对象的调查，由此，蛰居问题的部分实际状况变得明朗。

根据内阁府的推算数据，蛰居族中，中老年人的比例已超过年轻人。对此，内阁府北风幸一参事称："实际人数比想象中还要多，可见蛰居绝不仅限于年轻人。"这表明，蛰居问题也面临着长期化、老龄化问题，不容乐观。

老龄化、不婚化与"8050家庭"

实际上，在给蛰居青年及其家人做咨询的援助现场，中老年蛰居子女家庭的不安和烦恼已广为人知。各地方自治团体实施的实况调查显示，2013年前后，40岁以上的蛰居案例开始增多。

在川崎案件中，与加害人同住的老人，以接受介护为契机开始前往行政窗口咨询蛰居的相关问题。"8050问题"是指，80多岁的高龄父母与50多岁无业、蛰居的子女同住，他们在经济上陷入穷困，日益孤立于社会之外，这样的家庭在不断增加。本书将"8050问题"视为"高龄父母"和"壮年期子女"同住而产生的社会问题。具体来说，本书聚焦在拥有40岁以上子女且难以成为援助对象的家庭。

日本的老龄化将持续到2040年左右，不婚化也没有在同一时期好转的迹象。孤立家庭的增加，是我们应该正视的现实。

通过社会学和援助现场的对话来看蛰居问题

从 2001 年前后，笔者开始利用文部科学省的科学研究经费资助等项目，以社会学的视角持续开展有关蛰居援助的研究。

通过实况调查和援助现场的实地调查，我感受到那些有蛰居子女的家庭，父母的困境在于"职责要持续到孩子几岁""什么时候才能和子女分离"等问题，这与常见的家庭烦恼有相通的部分。随着人们的寿命变长，子女成年后，亲子关系持续的时间也越来越长，围绕亲子关系的烦恼也越来越多样。直至极限的家庭问题，既不是一览而过的新闻，也不是什么特殊事例。

本书由四章构成，前两章讲述"8050 问题"的实际情况，后两章探索解决问题的切入点。对具体援助方法感兴趣的读者，可以从第三章开始阅读。

首先，为了让读者能深入阅读本书，笔者在第一章里介绍了有关蛰居问题的基础知识，进而关注家中有壮年蛰居子女的父母的心理，揭示出在家庭之外的场合，公开诸如亲子关系恶化、父母的育儿责任意识、不完善的援助体制等蛰居问题的烦恼时，所面临的重重障碍。

第二章报告了"8050家庭"多样的实际情况。笔者不止步于以子女蛰居为由拒绝介护和援助的父母、父母进入养老院或去世后完全陷入社会孤立的子女等蛰居问题，也揭示了日益累积、深化的社交孤立困境。

第三章介绍了援助蛰居族的标准流程，同时深挖援助体制存在的问题。不仅论及"就业援助"和"空间援助"等现有的援助项目，还论述了全面把握援助对象需求的"陪跑型援助"的必要性。

最后一章论述在家人和蛰居本人的苦恼与援助现场所面临困难的背后，以往家庭观念的局限性。

援助蛰居族，不存在万能的解决方法。为了传达蛰居本人、家人和援助者之间的冲突，在第三章和第四章的末尾，收录了实际援助现场的详细记录，记录由以爱知县为大本营开展活动的NPO法人（特定非营利活动法人）橘子会的山田孝介执笔。这些都可以作为超越传统的蛰居族援助范畴的"陪跑型援助"的实例。

如何克服"8050问题"

平成时代[1]，老龄化、不婚化继续推进，人口结构的改变使家庭所处环境发生了巨大的变化，昭和时代[2]理想的家庭形象与亲子关系已然难以成立。然而，人们对家庭的期待却越来越高。家庭中的问题很难和外界商量，练马案件证明了这一点。社会在变化，若仍然持续依赖旧有的家庭观念，很可能会加深家庭在社会上的孤立。

而且，这种社会孤立并非与己无关。若不想使包括自己在内的家人在精神、体力和经济方面走入绝境，我们每个人就都有必要看清家庭的现实，掌

[1]　1989年1月8日—2019年4月30日。
[2]　1926年12月25日—1989年1月7日。

握新时代的生存智慧。

所谓"极限家庭",表现的是在精神、体力和经济上陷入极限状态的家庭实况,以及身处其中,全然与社会失联,只能依靠家人的家庭形象。

令和[1]时代刚开始不久,就发生了两起震惊社会的不幸案件。虽然案件本身与蛰居问题没有直接关系,但它暴露出,有关社会孤立的家庭烦恼,绝不仅仅属于一部分人。

社会如何向孤立的家庭伸出援助之手?作为"父母"和"子女",我们又该如何生活?我想通过本书和各位读者一起思考。

1　2019 年为令和元年。

目　录

第一章　没有尽头的养育

003　封存于家中的蛰居问题

004　什么是蛰居

005　超过 100 万的蛰居人口

007　蛰居状态的多样化

008　契机与持续时间

012　工作经历与家庭构成

014　蛰居的背景

016　开始蛰居时

018　案例 1-①
　　　被母亲语言伤害的女儿
　　　悔恨过往的育儿方式

022　案例1-②

　　　求职失败的儿子

　　　被诊断为发育障碍

026　父母远离问题解决的心理

028　家庭会的调查

030　僵化的亲子关系

033　苦于子女语言、行为暴力的父母

034　父母的羞耻意识

036　援助窗口存在的问题

037　在援助窗口的痛苦经历

038　考虑自己死后子女的生活

040　父母应尽职到孩子多少岁

041　终生育儿的前景

第二章　日益扩大的"社会孤立"与"8050问题"

045　找到因引入看护而孤立的人

046　导致双重孤立的蛰居与拒绝看护

048　老年人咨询中心80%的案例要应对"无业子女"

049　案例 2-①
　　　以看护为契机开始接触外界

050　案例 2-②
　　　亲子双方拒绝援助

051　让外部干预越发困难的原因

053　界定蛰居之难

054　"孤立预备军"的亲子们

055　终身不婚率的上升与和父母同住

058　导致亲子"共同倒下"的经济要因

060　团块次代与非劳动力人口比率

061　社会性孤立并非与己无关

063　亲子"共同倒下"造成的抛尸事件

065　发现孤立亲子的地域职责

066　不限对象的援助窗口

068　来到援助窗口的高龄母亲

070　援助窗口应对的蛰居案例

071　已经过了蛰居咨询阶段的家庭

072　案例 2-③
　　　建立必要的基础关系

074 案例 2- ④

　　"接受低保，不如去死"

076 事例 2- ⑤

　　错过时机的援助

077 援助孑然一身的子女

078 个人隐私与援助干预

079 援助窗口负责人感受到的困难

080 "本人和家人没有感受到问题"

081 蛰居援助、"8050 问题"援助应该是怎样的

第三章　蛰居援助的切入点

085 无业者和蛰居者援助的开展

086 具有代表性的咨询处

087 案例 3- ①

　　窗口向急于解决问题的父母提供建议

089 阶段性的援助机制

091 案例 3- ②

　　通过"空间援助"恢复与同龄人的联系

093 案例 3- ③

　　通过就业援助，了解自己的优势劣势

094　案例3-④

　　借助医疗帮助，恢复身心的安定

095　面向残疾人的制度和服务

096　援助体制的局限性（1）年龄的"划分"与"阻碍"

097　援助体制的局限性（2）就业援助的窄门

098　援助体制的局限性（3）对心理健康咨询的抵触

100　援助体制的局限性（4）家人的疲惫

101　现有制度无法避免的援助中断

102　案例3-⑤

　　从家人提供的信息入手

104　提供信息和选项的必要性

106　为了让本人有更多的机会获得援助

107　超越现有框架进行援助的尝试（1）就业援助

　　【1】兵库县芦屋市的案例

　　【2】大阪府丰中市的案例

　　【3】北海道岩见泽市的案例

110　超越现有框架进行援助的尝试（2）生活援助

112　关系构建、守护、干预

113　多方援助，需要援助人员之间密切配合

114　案例 3-⑥

　　　陪同前往动物医院

116　案例 3-⑦

　　　以食物援助为契机

118　帮助解决生活上的困难

119　何为"受援力"

119　如何提高"受援力"

121　官方援助和非官方援助的结合

125　援助案例 1

　　　蛰居的契机

　　　蛰居的状态

　　　援助的方法

　　　援助人员视角

130　援助案例 2

　　　蛰居的契机

　　　蛰居的状态

　　　援助的方法

　　　援助人员视角

第四章 如何拯救极限家庭

141 不想给别人添麻烦

142 日益缩小、脆弱的家庭

143 对家人的期待越来越高

145 重视子女的家庭主义

147 长期化的亲子关系

148 子女与父母分离的时机是何时

150 隐性贫困

153 不想给子女添麻烦，但又非要照顾子女

154 为何家庭会被封闭

156 专注于育儿的社会开端

159 平成时代家庭面临的矛盾

161 传统援助体系所面临的极限

163 "复原"的想法

165 何为对家庭的全面援助

166 全面收集信息，了解个人需求

167 蛰居者本人的自由与责任

169 如何接受以个人为单位的自立

170 家人守护的"极限"在哪里

173 如何拯救极限家庭

175 超越"亲子共同依存"

178 援助案例 3

　　蛰居的契机

　　蛰居的状态

　　援助的方法

　　从援助人员的角度来看

185 援助案例 4

　　蛰居的契机

　　蛰居的状态

　　援助的方法

　　从援助人员的角度来看

结 语

195 社会孤立就在身边

196 不为人知的"8050 问题"的真相

第一章　没有尽头的养育

封存于家中的蛰居问题

2019年6月，练马案件发生后，社会对杀害儿子的父亲议论纷纷，有人这样评价道：

"父亲是出于何种想法才对自己孩子下手的呢？他绝不想杀掉孩子，也许只是想尽到为人父母的责任。"

"父亲被逼入绝境才做出这样苦涩的决断，希望能减轻他的罪责。"

也有人对此表示理解，认为父亲是位责任感很强的官员，在儿子危害他人之前自行成为加害人。的确，我们并不能简单地窥见困于家庭暴力的父母的心情。尽管如此，在做出杀死亲生儿子这一最坏的决断之前，父亲已经竭尽全力了吗？

据悉，没有迹象表明该家庭曾就儿子的家庭暴力问题向公共窗口等进行过咨询，也可能固执地拒绝了"向外界咨询家庭问题"。

本章将结合蛰居问题与"8050问题"的现实，并以此为课题，对封闭于家庭内部的心理问题进行探究。隐藏在深层的心理是，无论到了何等高龄，即使遭遇了来自子女的暴力且无法应对，父母也仍旧无法"卸下父母身份"。

什么是蛰居

在进入正题之前，我们先来明确一下什么是蛰居。简而言之，蛰居是指不参加社会活动，以家庭为中心生活的"状态"。谁都有可能处于这种状态。正如"他是蛰居族"所言，本书也用该词来指代"状态"，而不是"人"。

厚生劳动省公布的《对蛰居的评价、援助指南》（2010）中，对蛰居做了以下定义：

由于各种各样的要因，回避社会活动（包

括义务教育阶段的就学、非正规雇用的就业及家庭外的交际等），原则上是持续 6 个月以上基本不外出的状态（包括与他人不交往的外出行为），是一种现象概念。

超过 100 万的蛰居人口

2019 年 3 月，日本内阁府调查显示，在全国范围内，年龄在 40 岁到 64 岁之间、处于蛰居状态的人口达到了 61.3 万人。这是首次将中老年群体纳入调查对象。

2016 年的调查显示，年龄在 15 岁到 39 岁之间的年轻群体中，处于蛰居状态的有 54.1 万人。由于此次调查将 40 岁以上的人排除在外，不少人呼吁"应该有很多中老年案例""应该扩大调查对象的年龄范围"。为此，日本内阁府扩大了调查对象的年龄范围。从两次调查结果的总和来看，日本全国处于蛰居状态的人口超过了 100 万。

我们再来看一下调查的概要。2016 年，日本

图表 1-1　处于蛰居状态的人口比例与人口推算

	2016 年调查（15~39 岁）		2019 年调查（40~64 岁）	
	所属人数的比例（%）	人口推算（万人）	所属人数的比例（%）	人口推算（万人）
(A) 平时在家，有自己感兴趣的事情时才外出	1.06	36.5	0.58	24.8
(B) 平时在家，会去附近的便利店等	0.35	12.1	0.65	27.4
(B) 会出自己房间，但不出家门或是几乎不出自己房间	0.16	5.5	0.22	9.1
(C) 合计	1.57	54.1	1.45	61.3

数据来源：日本内阁府《关于年轻人生活的调查报告书》（2016）、《关于生活状况相关的调查报告书》（2019）

内阁府开展了"关于年轻人生活的调查"（以下简称"对 39 岁以下人群的调查"）。该调查以 15 岁到 39 岁之间的人群为对象，有效参与人数为 3115 人。其中，处于蛰居状态的为 49 人，占有效回收数的 1.57%。根据 2015 年总务省推算的 15 岁到 39 岁的人口总数（3445 万人）推测，蛰居人口达 54.1 万人（图表 1-1）。

另一方面，2019 年"关于生活状况相关的调查"（以下简称"对 40 岁以上人群的调查"）则以 40 岁到 64 岁之间的人群为对象，对 3248 人进行了调查。调查显示，处于蛰居状态的有 47 人，占有效回收数的 1.45%。根据 2018 年总务省对 40 岁到 64 岁的人口总数（4235 万）推算，蛰居人口为 61.3 万人。

蛰居状态的多样化

说是蛰居，其实符合此定义的状态很广泛。对 39 岁以下人群的调查显示，"平时在家，只在有自己感兴趣的事情时才外出"的"准蛰居者（A）"（图表 1-1），49 人中有 33 人（有效回收率为 1.06%）。

另外，"平时在家，会去附近便利店"的有 11 人（同比例 0.35%），"会出自己房间，但不出家门，或是几乎不出自己房间"的有 5 人（同比例 0.16%），这些都属于"狭义蛰居者（B）"。我们将"准蛰居者"和"狭义蛰居者"统称为"广义蛰居者（C）"。

并且，蛰居族以男性居多，对 39 岁以下人群的调查显示，男性占比为 63.3%；对 40 岁以上人群的调查显示，男性占比为 76.6%。

调查虽然面向全国展开，但样本规模并不大，调查对象中，处于蛰居状态的人数也不足以支撑对其进行多角度分析。笔者将在第二章中尝试从更多角度来把握社交孤立的实际情况。

契机与持续时间

开始蛰居状态的契机呈现出多样化趋势：许多人因为校园欺凌、不登校（拒绝上学）、考试失利、求职失败、被工作了数十年的公司裁员，或是因丈夫工作调动搬到没有熟人的地方而开始蛰居，其开始时期和状态持续期也各种各样。

对 39 岁以下人群的调查显示，处于蛰居状态的 49 人里，以"逃学"为契机的占 18.4%，"不适应职场"的占 18.4%，"求职不顺利"的占 16.3%，"人际关系不好"的占 16.3%，"生病"的占 14.3%。

同调查中，我们发现在"中小学时期在学校的

图表 1-2　中小学时期在学校的经历（多选）

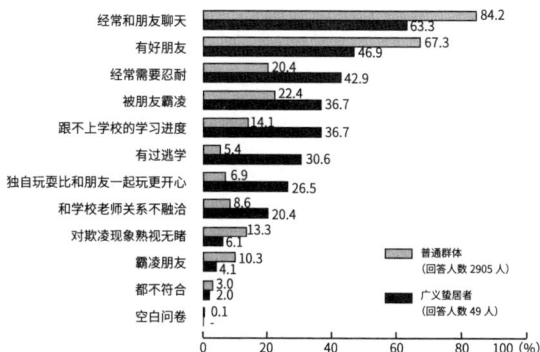

经历	普通群体 （回答人数 2905 人）	广义蛰居者 （回答人数 49 人）
经常和朋友聊天	84.2	63.3
有好朋友	67.3	46.9
经常需要忍耐	20.4	42.9
被朋友霸凌	22.4	36.7
跟不上学校的学习进度	14.1	36.7
有过逃学	5.4	30.6
独自玩耍比和朋友一起玩更开心	6.9	26.5
和学校老师关系不融洽	8.6	20.4
对欺凌现象熟视无睹	13.3	6.1
霸凌朋友	10.3	4.1
都不符合	3.0	2.0
空白问卷	0.1	

数据来源：日本内阁府《关于年轻人生活的调查报告书》（2016）

经历"（图表 1-2）中，蛰居者中很少人"经常和朋友聊天""有好朋友"，而是比他人更多地经历"经常需要忍耐""被朋友霸凌""跟不上学校的学习进度""有过逃学""独自玩耍比和朋友一起玩更开心"等状况。蛰居者，很有可能在陷入蛰居状态之前就存在精神压力、无法获得自信的问题。

对 40 岁以上人群的调查显示，47 位蛰居者中，以"离职"为契机的占 36.2%，"人际关系不融洽"的占 21.3%，"生病"的占 21.3%，"无法适应职场"

的占 19.1%，"求职不顺利"的占 6.4%。

　　如图表 1－3 所示，我们可以发现，调查时，每个年龄段都有蛰居者。

　　图表 1－4 呈现的是他们的蛰居状态持续时间。对 39 岁以下人群的调查显示，蛰居 3—5 年的人占 28.6%，蛰居 7 年以上的人最多，占 34.7%。对 40 岁以上人群的调查显示，蛰居 3—5 年的人最多，占 21.3%。蛰居 30 多年的人占比 6.4%，而蛰居 6 个月以上但不满一年的人占 6.4%，呈现出多样化趋势。

　　值得注意的是，"过去处在广义蛰居状态"的蛰居者占比：在对 39 岁以下人群的调查中，3115 人中有 158 人；在对 40 岁以上人群的调查里，3248 人中有 134 人。所占比率分别为 5.1%、4.1%，可以看出，在人生某一时期，陷入蛰居状态的人绝不在少数。

图表 1–3　蛰居人群的年龄分布

对 39 岁以下人群的调查

15—19 岁	20—24 岁	25—29 岁	30—34 岁	35—39 岁
10.2	24.5	24.5	20.4	20.4

对 40 岁以上人群的调查

40—44 岁	45—49 岁	50—54 岁	55—59 岁	60—64 岁
25.5	12.8	14.9	21.3	25.5

图表 1–4　蛰居状态持续时间

对 39 岁以下人群的调查

6个月—1年	1—3年	3—5年	5—7年	7年以上
12.2	12.2	28.6	12.2	34.7

对 40 岁以上人群的调查

6个月—1年	1—2年	2—3年	3—5年	5—7年	7—10年	10—15年	15—20年	20—25年	25—30年	30年以上
6.4	14.9	6.4	21.3	4.3	10.6	6.4	10.6	10.6	2.1	6.4

数据来源：内阁府《关于年轻人生活的调查报告书》（2016）、《关于生活状况相关的调查报告书》（2019）

工作经历与家庭构成

在对 40 岁以上人群的调查中，符合广义蛰居者定义的人群，其工作经历和家庭构成多少令人意外。

其中，曾为正式雇员的人群占比上升至 73.9%，非正式雇员占比上升至 39.1%。35 岁以上人群中，无固定职业的占 53.2%，尼特族[1] 占 21.3%，工作一年内离职或跳槽的人占 10.6%。由此可见，一定比例的人从事过长期工作。

从家庭构成来看，与母亲同住的占 53.2%，与配偶同住的占 36.2%，与父亲同住的占 25.5%，与子女同住的占 25.5%，与兄弟姐妹同住的占 19.1%，我们可以发现，其中与配偶或子女一起生活的并不在少数。而在对 39 岁以下人群的调查中，没有家人同住的占 10.6%，与配偶同住的占 6.6%，与子女同住的占 6.1%。相比之下，64 岁以下的蛰居者并不一定符合"未婚且与父母同住"的社会刻板印象。

1　NEET 的音译。NEET 为 "Not in Employment, Education or Training（不就业、不升学、不进修）" 的缩写。

在对 40 岁以上人群的调查里，由蛰居者本人维持生计的占 29.8%，由父亲维持的占 21.3%，母亲则占 12.8%，由此可见，很多蛰居者本人会在经济上支持家庭。而在对 39 岁以下人群的调查中，由蛰居者本人主要来维持生计的仅占 2%。

另外，两项调查都对调查对象的同住人实施了调查。在对 39 岁以下人群的调查中，同住人认为"调查对象处于广义蛰居状态"，2897 人中有 74 人；在对 40 岁以上人群的调查中，2812 人中有 138 人。所占比例分别为 2.6% 和 4.9%。

调查对象本人自认为处于蛰居状态的，39 岁以下人群的调查中占比为 1.57%，40 岁以上人群的调查中占比为 1.45%。相比之下，同住者占比更高。由此可见，有关蛰居状态的理解，调查对象和同住者之间大为不同。

判断一个人是否处在蛰居状态并不容易，我们不能只关注蛰居现象本身，也要关注无业、未婚的子女和高龄父母所处的社会孤立状况，多角度地把握实际情况。

蛰居的背景

蛰居状态开始的契机是不登校、退休、求职失败，而后真正陷入蛰居状态并长期持续，其背景大家能想到哪些呢？

2003 年，厚生劳动省发布了旧《"蛰居"应对指针》（最终版），从"生物学""心理""社会"等层面分别对蛰居背景进行了说明，我们可以将此作为参考。

"生物学"层面，是指因患感统失调、抑郁症、强迫症、恐慌症等精神疾病而蛰居。这可能发生于蛰居之前，也可能因蛰居而产生。

另外，蛰居现象背后，也存在轻度的智力障碍、学习障碍、高功能广泛性发育障碍等。有人吐露，在学校生活中，自己不擅长某门特定的学科，即便擅长学习，却难以在休息时间与朋友聊天等。正因如此，他们在生活中经历了旁人难以察觉的艰辛，精神压力日益积累，继而陷入了蛰居状态。另外，2010 年新的《关于蛰居的评价、援助指针》还详

图表 1–5 蛰居的三种类型与援助策略

第一类	主要诊断为感统失调、情绪障碍、焦虑症等，药物疗法等生物学治疗不可缺少并有望取得成效，同时施以精神疗法的手段、福利面的生活、就业援助等心理和社会援助。
第二类	主要诊断为广泛性发育障碍和智力障碍等发育障碍，根据其发育特点以精神疗法和生活、就业援助为主，药物疗法分为两种情况，一种是针对发育障碍本身，另一种是针对二次障碍。
第三类	主要诊断为人格障碍（乃至这一倾向）和身体表现性障碍、同一性问题等，以精神疗法的手段和生活、就业援助为主，有时也会附加药物疗法。

引用自厚生劳动省《关于蛰居的评价、援助指针》（2010）

细介绍了蛰居的三种类型（图表 1–5）。

"心理"层面是指，在蛰居状态开始之前就存在的精神压力，以及在蛰居状态下生活时本人所承受的紧张感和不安感。即使看起来像是突然变成了蛰居者，但或许之前他本人一直在忍耐。

就像人们常说的"优等生的窒息"一样，受到周围高度评价的人，有时会突然无法再上学或上班。另外，蛰居者本人诸如"别人会怎么看我"的焦虑会加剧，进而惧怕与他人交往。

从"社会"层面来看，在升学和就职等备受期待的人生转折点上，有时会遭遇挫折，未能顺利按照预想轨道前进。厚生劳动省在《指针》中指出，在只认可就学、就业的环境中，经历过蛰居的人想再次进入社会时，会面临很多困难。"要是蛰居，将来就完了""不同于他人，这样不好"，若周围的人都用这样的眼光看待蛰居者，不仅是蛰居者本人，就连家人也会觉得蛰居"不妙"，是"坏事"，无法向外界寻求援助，变得越来越孤立。

综上所述，导致蛰居状态开始的契机、让蛰居状态持续的因素与蛰居本人及其家庭情况的叠加，会使蛰居状态长期持续下去。在此，想请大家注意的是，蛰居并不意味着疾病或行为障碍。重要的是，要以此为契机，回顾蛰居者及其家人的烦恼并对此持续梳理。同样，为了不让蛰居者及其家人陷入孤立无援的境地，社会要提供必要的援助。

开始蛰居时

父母在子女开始蛰居时是怎么想的，又是怎么做的呢？

在养育子女时，恐怕没多少人预料到孩子会陷入蛰居状态。因此，他们无法很好地理解眼前的事态。等回过神来，暂时不上学或不上班的子女已经在家里待了数月甚至数年，很少会及时意识到这就是人们常说的"蛰居族"。父母感到不安，但也觉得子女"只是稍事休息"，他们原地等待，期待子女能够有所行动。

周围的人也觉得，"如果父母能严厉对待子女，他们总会回到学校或工作岗位上的"。然而，采用训斥激励态度的师长反而往往会让子女自我封闭，失去和子女的连接点。

很多父母在发现无论怎样子女都不为所动时，只能自我责备，也有很多家庭以此反省育儿方式："也许是自己把孩子逼到了蛰居的地步。"

同时，在这种情况下，父母也自然会想"孩子很可怜""我想等孩子自己开始行动""先随他去吧"。

即使想找人聊聊子女，父母面前也矗立着一堵"高墙"。一想到找人咨询、接受家庭访问会暴露"家丑"，就会产生抵触情绪，索性"就这样吧"。但父母也并非放任不管，许多人会在子女年幼的时候经常去窗口咨询。但是，蛰居问题并不是一朝一夕就能解决的。咨询的父母受到专家说教，也会受到伤害。久而久之，父母就会对向外界咨询感到犹豫。

在蛰居援助体制尚不健全的 21 世纪初，面对蛰居的子女，父母们像迷路般在困惑和不安中摸索着前进。我们来听听这些父母的倾诉吧（本书介绍的案例在不影响内容理解的前提下，做了细节上的变更）。

案例 1–①

处于蛰居状态的加藤清美（化名、20 多岁）

清美因在人际关系中受挫而休学。当初，母亲幸子（化名、50 多岁）认为，女儿总有一天会去学校。得知这种状态可能会持续多年时，她开始反省自己的育儿方式。

被母亲语言伤害的女儿

三女儿清美上大学时，母亲幸子面临了蛰居问题。女儿抱怨社团成员之间关系不和，幸子建议道："又不能改变对方的性格，所以你自己必须要改变。"对此，清美抗议道："我不希望妈妈这么说。"第二天起，她就把自己关在房间里，没再去学校。

幸子一直认为自家与"蛰居"一词无缘。印象里，女儿当时看起来非常疲惫。她很纳闷，"作为一个母亲，我能做的都做了，能教的都教了，为什么孩子会这么累呢？一不愉快就不去学校了"，她觉得女儿不愿意去学校，只是因为懒惰。

但是，幸子仔细聆听了清美的故事，发现女儿的烦恼很是深重。"活着真难，你不生我就好了"，听到女儿吐露心声，为了减轻女儿的心理负担，幸子便告诉女儿："不用勉强去学校，办理休学手续吧。"

之后，清美开心地度过了一个月。幸子心里琢磨，"等她情绪稳定下来就会去学校了"，然而不久，清美的生活就开始昼夜颠倒，彻底不再走出房间了。

"我这么关心你，你到底在想什么！"

幸子觉得自己的期待被辜负了，非常失望，但又对女儿的状况感到困惑，担心得泪流不止。

幸子开始寻找有关蛰居的书籍，收集关于咨询窗口的信息，后来得知当地有一家NPO机构。此时，距离女儿表现反常已经过去了四个月。幸子来到该机构所在的公寓一室，遇到了很多年轻人，有的甚至蛰居近十年。看到他们想要和人接触却又畏惧痛苦的样子，幸子下定决心，"无论如何都要把女儿从这种状态中拯救出来"。

悔恨过往的育儿方式

幸子边养育包括清美在内的三个女儿，边从事保育员的工作，并为此感到骄傲。她扮演着妻子、母亲、社会人这三种角色，总是力求做到完美。

对幸子来说，蛰居的女儿让她开始回看自己的育儿方式。她开始反省并思考：说实话，长女和次女是她在反复摸索、不断试错的过程中养大的，三女儿则完全不同。彼时，她充满作为母亲的自信，按照自己的想法养大了清美。

幸子突然想起来一件事。3岁时，刚被送进托儿所的清美曾说："妈妈很忙，所以我要一直很乖。"幸子对此深感后悔，生活忙碌充实，却没能给足孩子向父母撒娇的时间。

之后，清美和亲戚们一起旅行，慢慢恢复了精神，完成毕业论文后从大学毕业了。女儿刚开始蛰居的时候，丈夫还无法直接面对，但之后便和幸子同心协力一起守护清美。

多数情况下，蛰居初次出现在子女10或20多岁、父母步入中老年的时候。尽管常会感到育儿辛苦，但日常生活中，孩子也没出现什么大"问题"，却突然有一天开始抗拒家庭，抗拒社会。"直至昨日，孩子还过着普通的正常生活"，想到这里，父母心中会感到巨大的落差。

对于很多父母来说，蛰居是一个未知的课题。

他们像当初的幸子一样，觉得孩子"很快就会恢复到从前"，这也不足为奇。

案例 1-②

处于蛰居状态的北山达郎（化名、30 多岁）

达郎因求职不顺利而抑郁。父亲阿丰（化名、60 多岁）为了照顾独居的达郎，开始和他同住。二人到医疗机构咨询后，第一次知晓了"阿斯伯格综合征"。

求职失败的儿子

因求职失败，独生子达郎开始蛰居。没有拿到内定的达郎第一次向父亲吐露了自己的变化："我可能是抑郁。"

达郎考入大学后，阿丰与妻子离婚，各自居住。但是自从达郎开始蛰居，阿丰开始了与儿子同住的两人生活。五年多过去，年近30岁的达郎讲述了自己求职失败时的详细情况。

"我在面试中踩到了事先埋好的'地雷'而自爆，所以失败了。"

此时，他才知晓了儿子内心深处的不安。

当初，阿丰对不工作的达郎采取了训斥激励的态度。但是他很后悔，当时对达郎说了一句父亲不该说的话，这要追溯到儿子通过国家考试、获得药剂师资格证书的时候。

"你在社会中担任药剂师的工作，不像我只是公司员工。这样，你就可以自信地独立生活了。所以，去过自己的人生吧。"阿丰回想道，自己本想要表达祝贺儿子通过考试的"赠言"，说出口却似乎有些冷淡，让儿子感到被抛弃了。

还有一次，父子俩回老家探亲时，达郎被叔叔们指责没工作，这可能也是把达郎逼入窘境的重要原因。在探寻儿子蛰居的背景时，阿丰对自己曾经对待孩子的方式感到后悔，并陷入了自责。

"必须想方设法"，阿丰四处奔走，通过医疗机构联系到了 NPO 支持团体。

阿丰加入了一个名为"同伴援助群"的 NPO 附属家庭互助群，达郎开始接受 NPO 开设的门诊式援助。这家 NPO 里，既有"存在感援助"，也有"就业援助"。"存在感援助"让对人际关系感到不安的人们通过游戏等进行交流，"就业援助"则让他们通过副业为就业做准备。达郎主要参加的是存在感援助。

被诊断为发育障碍

之后，阿丰带达郎看了精神科。经过数年的门诊，可以和医生进行沟通时，阿丰被告知达郎患的是一种发育障碍——"阿斯伯格症候群"（现在也称作自闭症谱系障碍）。阿斯伯格综合征是自闭症的一种，其特点是难以进行社会交流、兴趣范围狭窄、偏执于特定事物等。由于并不存在智力、语言发育迟缓等症状，大多数情况下，患者本人及其周围的人都不会意识到患上了这种障碍。回想起面试的失败，达郎意识到自己不擅长与人建立关系。

根据文部科学省 2012 年发布的一项调查，在学习方面或者行为方面可能存在发育障碍（智力发育迟缓除外）的儿童、学生，在中小学的普通班级里占比 6.5%。有"人际关系和刻板行为等"问题的学生则占 1.1%。2007 年，特别援助教育正式实施，在此之前，达郎就中学毕业了，父子俩都不知道阿斯伯格综合征这个词。

思考如何消除发育障碍带来的"生存之难"时，阿丰逐渐理解了父母的责任之重大。

对阿丰来说，毕业后就上班，这是理所当然的路径。然而，他未曾想过，为了步入社会，竟有必要再次接受援助。

阿丰未曾和父亲就工作和人生进行过深入的对话。尽管如此，他还是下定决心，要陪伴在儿子身边，就每一个问题和儿子交流。

父母远离问题解决的心理

前面介绍的两件事例里，父母都是在子女陷入蛰居状态之初就已经联系到了援助机构。当发现子女情况有异的时候，尽管他们很迷茫，却还是为解决问题而采取了某种行动。

一般来说，直面蛰居问题，家人需要花费相当长的时间。工作繁忙，或不了解咨询窗口相关的信息和知识，父母根本不会认为自己的子女已处于蛰居状态，时间就这样过去了。他们想着子女自己总会"恢复到从前"，不知不觉间拖延了正视问题的时间。

实际上，前例中，父母直面蛰居问题时，子女都已经是大学生了。对他们来说，此时，育儿告一段落，正是投入工作和兴趣、充实自己第二人生的时期。如果子女没有异常，也许他们也没有回看育儿经历的机会。

另外，蛰居并不是疾病名称，而是一种由各种因素叠加产生的状态。蛰居状态并不是由单个原因导致，而是生物、心理、社会多重背景叠加的，蛰居者越来越难以参与社会活动。

就像案例 1-②中的父亲，父母并不明了子女蛰居的原因，也不知道如何处理，经常用责备的语气与不工作的子女交流。但多数情况下蛰居者本人会抗拒，会退缩，亲子间的沟通会更加困难。

也有很多人像案例 1-①的母亲那样，以蛰居为契机回顾自己的育儿方式。他们有时会找到解决问题的头绪，但如果过于自责，就无法做出向外界咨询的具体动作。子女之所以蛰居，是因为自己不当的育儿方式，随着这种"羞耻"感越来越强烈，他们越来越避讳对外人吐露。

另外，也有父母育儿的责任感过强，可怜子女，而最优先考虑家庭内部保护。

当然，为了子女，父母批评鼓励或反省自身，都是很自然的行为。但是，仅凭父母的力量去修正与孩子的相处方式，是非常困难的。面对蛰居的子女，父母或是明显追问，或是小心翼翼，甚至不敢说话，这种状态会持续多年。可以说，蛰居状态长期化的诱因就潜藏在亲子关系之中。正因如此，结合家庭以外的建议来关注亲子关系显得格外重要。

值得庆幸的是，在前两件事例中，蛰居者本人有的直接加入了援助团体，有的应邀去旅行。但有时，从外部获得援助，本身往往存在障碍。接下来，我们从调查结果出发，看看身处蛰居状态长期持续状况之中的父母心理。

家庭会的调查

家中有蛰居子女的成员聚成了 KHJ 父母会（家庭会），团体旨在共同推进学习蛰居相关知识，团体成员之间互相援助。截至 2018 年 10 月，日本全国有 55 所家庭会，它们构成了 KHJ 全国蛰居家庭会联盟。2016 年，厚生劳动省委托（社会福利事业的一部分）在其中对年龄 40 岁以上的蛰居者，实施了问卷调查（以下简称"家庭会的调查 [2017]"）。全国各地共收集了 61 件案例，笔者担任了这项调查的汇总工作。

调查结果所呈现出的，是长期以来反复试错的家庭。下面就结合这项调查的结果，介绍有蛰居子女的家庭故事。

从性别来看，61 件案例中，男性为 52 例，女性为 9 例，男性居多。

从年龄段来看，目前年龄在"40~44 岁"的为 29 例，"45~49 岁"的为 23 例，"50~54 岁"的为 6 例，"55~59 岁"的为 2 例，"60 岁以上"的为 1 例，平均年龄为 45.3 岁。

从蛰居经历来看，可以分为两种类型：一是从学龄期到就职稳定前开始；二是就职稳定后开始。在 61 件案例中，就职前蛰居的有 44 例。其中，不少人曾在学龄期有不登校、中途退学的经历，或是在毕业之后工作之前的时间段里遇到了某些问题。另外，工作一年以上开始蛰居的有 17 例。

包括短期就业在内，拥有就业经验的"正式雇员"有 17 例，"兼职"有 23 例等，合计 46 例。开始工作的平均年龄为 20.7 岁（回答数 34 例），辞职的平均年龄为 27.3 岁（回答数 32 例）。可以发现，这些调查对象最初的工作基本都在 20 岁中期结束。

那么，他们的家人是在哪里咨询的呢？该调查显示，咨询地点为"医院"的有 40 例，"保健所、保健中心"为 23 例，"民间咨询机构"为 20 例，"精神保健福利中心"为 19 例，"NPO 法人"为 18 例（多选）。从中发现，很多都是在精神医疗相关的窗口咨询。

该调查的对象是为解决问题而加入家庭会的人，所以，不少人在子女 20 多岁时有过向数家窗口咨询的经历。例如，日本内阁府对 39 岁以下年龄的调查（2016）显示，向相关机构咨询过蛰居问题的仅占 44.1%。相比之下，这些调查对象至少加入了家庭会。但是，61 例中，子女参加有外人场合的仅有 14 例。很多家庭都为子女无法外出、或即使外出也仅限于特定场合等情况深感困扰。

僵化的亲子关系

我想按照"亲子关系的烦恼""父母自身的羞

耻意识""咨询窗口应对不完善"的顺序，探究蛰居问题难以解决的主要原因。

61件案例中，含以往经验在内，蛰居状态为"昼夜颠倒"的为50例，"在房间闭门不出"的为31例，隐藏其后的心理是子女们想要逃避家人。对父母来说，不能和子女一起吃饭，无法交流的状态会持续很长时间。

正如我们所想，逃学或处于蛰居状态的人，有逃避他人视线的倾向。他们会想"周围的人会不会责备自己没有去上学或工作"，因此感到不安，进而把自己逼到"这种样子没法见人"的绝境，缩进壳里。

有蛰居子女的父母，会被熟人或亲戚明里暗里地评判："是父母靠不住所以孩子才太骄纵。"于是这些父母打起精神用强硬的态度对待子女，反而会使子女更加消沉，陷入蛰居状态的恶性循环中。

需要注意的是，"自己这样下去真的可以吗？"对此感到极其不安、极度失望的反而是子女。父母想要"做点什么"的想法，往往会起到反作用。

"为什么不工作呢？"父母会忍不住发问，并通过讲述大道理、训斥激励的方式，试图让蛰居子女能振作起来，发奋图强。然而，蛰居援助的精神科医生指出，大多数情况下，亲子关系会有恶化的倾向。

蛰居者本人并非不懂义务教育和社会贡献的必要性。即使他们的大脑能够理解，也不知道如何步入下一个阶段。

蛰居者本人既会在心理层面遭受消极情绪的折磨，也会在生理层面承受精神疾病的困扰。精神科医生向父母们建议，不要把自己的不安和焦虑发泄在子女身上，而是要作为子女身边的援助者，以稳定的心理状态和他们接触。

在调查的案例中，参加家庭会的学习会、学习如何与子女接触的父母也不在少数。在家庭关系紧张、子女也很暴躁的时期，为了避免施加压力，父母往往会愿意"让他们在家自由自在"。但是，一旦子女平静下来，即使家庭会提议后期援助的相关问题时，很多父母也因为不想把事情闹大而不予回应。

这也和后续要提到的子女的语言、行为暴力相关。

苦于子女语言、行为暴力的父母

"儿子频繁在家里动武，我忍无可忍，和妻子另租了房子生活。"

"他觉得自己变成这样都怪妈妈，一直折腾到深夜都不让我们睡觉。"

"孩子占据了客厅，我们父母只好住在二楼。"

一些父母这样说。

也有高龄父母因为遭受壮年子女如此对待而苦恼。在前面提到的家庭会调查（2017）中，61件案例里，"拒绝家人"有33件，造成"器物损坏"的有16件，发生"家庭内部暴力"的有14件，遭受子女暴力行为的家庭不在少数。另外，因为子女的暴力行为而离开自家居住的有10件。

曾经遭受的暴力会成为家人无法忘掉的记忆，并触发他们的心理回避机制，想要避免事态再次发生。因此，大多时候，他们不会向外人提及家事，也会特意避开，不从正面考虑子女的问题。

父母的羞耻意识

蛰居问题之所以不易解决，另一个原因是，父母对此感到"羞耻"。

像案例 1–①那样，不少父母认为是自己教育失败，但这种想法一旦过度，他们就会忌惮与外人商量。另外，也有像案例 1–②那样，因为家有蛰居的子女而在亲戚聚会上遭到批评的父母。有时，一家内部也存在着意见分歧，比如父亲会责怪母亲，"养孩子的事情向来都交给妻子，这都是妻子的责任"。

父母本就感受到自身的育儿责任，再加上周围的批评，他们会愈加觉得，子女蛰居是一件可耻的事情。

对于蛰居，父母除了抱有羞耻感，还对寻求精神医疗、利用福利制度抱有偏见。有时，父母以咨询蛰居问题为契机，想让子女接受精神保健福利服务时，住在邻区的亲戚却会以"会影响孩子未来就业、结婚"为由而加以反对。

如果不想被人知道家中有子女蛰居，父母的行动范围也会缩小。即使母亲想参加朋友聚会，也会因为害怕提及子女时无法应对而选择远离。很多人表示，若彼此有相同的经历，还可以无所顾忌地谈论子女，参加家庭会的父母们透露道，在组织之外谈论子女异常艰难。还有人说："数十年来，我为蛰居的子女苦恼不已，咨询了各地的专家，却根本无法向本地的熟人坦诚说出孩子的事情。"

虽然不能一概而论，但与大城市相比，地方县市的人际交往更为密切，无法随意谈论家人。去政府机关咨询时，窗口负责人也都认识，无法向他们谈论家里的事情。

据一位在人口稀少地区的自立咨询援助窗口的工作者称，他们接受来自多个村镇的咨询，打来电话咨询的人会首先进行身份确认，往往会问"你不是××镇的人吧"，然后才开始讲述。

不少案例中，父母没能向外界咨询，离世后只剩下蛰居的孩子，其兄弟姐妹或父母以外的相关人员会发起对这类人群的援助。第三章将要为大家介绍的案例中，有蛰居者的兄弟姐妹说："父母生前没有向任何人透露过蛰居问题。"总而言之，父母离世后，与蛰居者相处的担子便落到了兄弟姐妹的身上。

如此，蛰居问题便被封闭在了家庭内部。

援助窗口存在的问题

克服重重障碍，好不容易袒露出家庭内部的问题，在援助窗口的咨询进展却并不顺利，这种情况并不少见，家庭会的调查中就有很多类似的案例。

在本书后半部分，我们也会提及与援助相关的制度和窗口，暂且从家属的角度来看看咨询所面临的困难。在40岁以上人群的案例中，我们会听到诸如"家人忙于工作，推迟了咨询时间""家人对改变现状感到不安和抵触""援助中断，对窗口和咨询感到失望"的声音。"援助中断"是指，进行中的咨询由于某种原因而中断，这种情况在家庭会的调查中有 26 件。

"因为首次咨询的咨询情况没有交接，所以不得不重复说很多次。好不容易进入了正轨，负责人却被调走了。"

"总在说什么'如果有问题，请再过来'，继续咨询也得不到有用的提议。"

援助蛰居人群，既需要长期的关联，又需要针对蛰居者本人及其家人，多方面收集信息。但不可否认的是，很多咨询都以尚未发生需要立即处理的重大问题（暴力或自杀企图等）为由，拖延了正式的援助。

在援助窗口的痛苦经历

家长们在援助窗口得到的是怎样的应对呢？反馈"在援助过程中有过消极体验"的有 20 件，"我们家长自己去咨询机构，结果被告知'如果本人不来，就没法开始'，真是没办法"，可见窗口的处理并没有效果。不少案例中，父母鼓足勇气前去咨询，听到的却是对自己过往育儿方式的精神分析说教，反而对咨询产生了抵触。

另一方面，33 件案例的蛰居者曾本人前往窗口咨询。可见，和父母一样去医疗机构咨询的不在少数，他们获得了具体的服务。"取得残疾证"的有 8 件，"利用福利服务"的有 13 件。

只是，目前 40 岁以上的蛰居者开始蛰居时，是在 20 世纪 90 年代中期，与现在相比，咨询窗口对蛰居的理解很不充分。实施持续的就业援助和转移援助的办事处也没有普及，除了能立即就业的人以外，可利用的制度很少。确实有亲子鼓起勇气来到咨询窗口，却因缺乏有效的援助体制而碰壁，长期陷入蛰居的烦恼之中。

考虑自己死后子女的生活

在蛰居问题中，"父母亡后"指的是高龄父母去世后，蛰居子女该如何生活，这一问题时常会引起议论。

但有些不可思议的是，使用"父母亡后"，担心身后事的，不是被留下的子女，而是蛰居人群的"父母"。直至生命尽头，他们都无法卸下为人父母的责任。

因为年迈而无法前去咨询，即使去了也没有根本的对策，疲惫不堪的父母也不会再期待子女的变化。

最后，为了给尽可能多地给蛰居的子女留下财产，他们甚至减少去医院的次数，向援助者咨询"要准备多少钱，孩子才不会被难倒"等问题。先不论对错，很多父母觉得，能为子女做的，只有留下资产了。

这里有几种放弃：子女不再外出，也不再工作。父母似乎也无法和子女讨论该如何走未来的路。既没有可以托付的亲戚，也无法指望行政机构。

"在自己死后，要留下多少资产，孩子才能活下去呢？"

不信任与绝望层层叠加，他们才会有如此发问。

父母应尽职到孩子多少岁

父母也总会老去。家庭社会学家春日清代指出，在现代社会中，老人离世前无疾病，健健康康的，或者离世时没有遭遇痛苦，这被视作理想的离世方式，但事实并非如此。如今，两人中就有一个能够活到 90 岁，现实中日本人的晚年是"颤颤巍巍、重重倒下"（因衰老，身体自理能力衰退）。

有时，蛰居者父母会想："孩子让我如此辛苦，最后总能轻松上路吧。"于是，父母连自己的晚年都无暇顾及，渐渐陷入自己要健健康康地照顾子女到最后的思维之中。

二三十年来，一直积极解决子女蛰居问题的父母，竟被逼到了如此地步。当然，这些都是对剩余资产与自身健康抱有信心的父母。然而，尽管如此，面对漫长的晚年，他们也会对此失去信心。

不少案例中，父母因为意外的疾病，无法再照顾子女。希望他们最好从现在开始就做好准备，而非在死后。如何让父母面对自己的晚年，并如何为此构建援助体制，这值得追问。

终生育儿的前景

父母都知道，育儿并不尽是乐事，会伴随着很多辛苦。但是他们也从未想到，子女的蛰居状态会持续二三十年吧。七八十岁的年纪，还要为亲子关系而烦恼，在经济上援助孩子，照顾他们吗？身为父母，要照顾子女到什么时候呢？

正如本章所述，很多父母不断努力地寻求咨询机构援助。即便如此，因为害怕子女的反抗，不觉间心态便成了"就这样吧"，自我责备"都是自己的育儿方式让孩子变成了这样"，犹豫不决，不愿向外界吐露。在咨询机构，他们也会被人指责自己的育儿方式。子女得不到适当的援助，蛰居问题因此呈现出长期化趋势。而且，他们越来越认为，外人不会理解他们，能依靠的只有家人。

就这样，只靠父母子女做到极限，难免会因为老龄化和经济贫困，造成悲剧性的结局。另外，在问题的日趋严重下，即使收到了求救信号，外部的人也很难提供帮助。这些家庭应该尽早与外部援助取得联系，而不仅将其视为家庭内部问题。

把问题公开，并不是"对子女放任不管"。所谓"自立"，本就不是像在无人岛上独自求生那样过着孤立无援的生活，而是指在依赖他人的同时，避免陷入过度的问题中去。

依赖对象只存在于家庭内部，会产生风险。不把问题封在家庭内部，有什么样的方法可以让依赖对象扩大到家以外的地方呢？本书的后半部分将对此进行探究。

第二章　日益扩大的『社会孤立』与『8050 问题』

找到因引入看护而孤立的人

据报道，川崎案件（2019年5月）中，加害人在父母离婚后，由叔叔、婶婶（以下简称"养父母"）抚养，其后，他们就对加害人有蛰居倾向一事，向蛰居地区支援中心进行了咨询。

据报道，养父母好几年都没有见过加害人。但是，在养父母考虑为其引入看护时，亲戚所担心的是"让看护者来家里是否妥当"。自2017年11月起至2019年1月，咨询共计14次，其中包括6次电话，8次面谈。后来，养父母开始给加害人写信。

值得注意的是，案发约半年前，就有看护者来过家中。据说，加害人对此并没有反抗的迹象。

案发后，在蛰居地区支援中心召开的记者招待会上，他却回答说："不清楚看护员是照顾养父母中的哪一方。"另一方面，我们也不清楚介护人员在护理养父母时，有没有感受到加害人本人的存在。也就是说，蛰居地区支援中心与相关介护人员之间似乎并没有进行合作，也没有共享信息。今后，可能会有越来越多的家庭会像本案一样，与多家援助机构有所关联。如果只把事态看作是蛰居和蛰居咨询，就有可能遗漏重要的信息。对向蛰居子女提供援助和照顾年迈父母的相关人员来说，需要思考的是，如何多角度地收集、共享家庭相关信息。

导致双重孤立的蛰居与拒绝看护

不少案例中，相关看护人员是知道服务对象家中有无业或蛰居的子女的。

2000 年，公共看护保险制度开始实施。在那之后，相关人士注意到，因为家中有子女蛰居，蛰居者家人会对使用看护服务心存顾忌。如果只有老人，那么可以考虑使用看护服务，但是有无业或处在蛰居状态的子女同住，看护服务会遇到阻碍。对相关看护者来说，这同样是一个难题。

为什么和蛰居的子女同住，就难以接受看护呢？如前所述，老人不想让外人知道自己的子女是蛰居者，从而避免向外人咨询看护事宜。也有不少人在生活中隐去了子女的存在，所以邻居对他们的同住人毫不知情。

另外，也有因为与蛰居者关系不好而无法让外人进入家中的情况。经历过子女施暴的父母，也会害怕子女的反抗。而且，多数蛰居者本就仅闷在自己房间里生活，父母无法与之沟通，更无法判断在引入看护后，蛰居者本人会做何反应，因而感到不安。

另外，有些靠养老金和储蓄来支撑无业子女生活的父母，考虑到费用而对看护服务感到犹豫。甚至有父母表示，担心自己离世后子女的生活，想给子女留下资产而有所节制地使用看护服务。无法接受看护的父母，会在不知不觉中老去。子女的蛰居，以及父母对看护服务的抵触，可以说从双重意义上让家庭关上了对外的大门。

老年人咨询中心 80% 的案例要应对"无业子女"

人们还未充分认识看护和蛰居之间的关系。在从事老年人预防看防护和看护咨询的地区综合援助中心里，KHJ 全国蛰居家庭联合会对与"无业子女"同住的老人援助的案例进行了调查（以下简称"家庭会的调查[2019]"）。在 2016 年的调查之后，笔者继续参与了此次调查的汇总工作。

本次调查共向 844 处窗口寄送了调查问卷，占全国约 5100 处地区综合援助中心的六分之一，共收到 263 份回答（回收率为 31.2%）。

其中，220 处（占比 83.7%）窗口反馈，曾援助过与无业子女同住的老人。该调查向各个窗口收集一件 2018 年度内对应的案例，共收集 220 件，并从中选取了耗时最久的援助案例等信息量较大的案例。在 220 件案例中，有 153 件符合狭义上的蛰居。

援助对象为父母的案例来看，援助对象为父亲的有 36 件，母亲有 137 件，父母双方有 31 件。另外，父亲需要看护的有 55 件，患有认知障碍的为 35 件；

母亲需要看护的有127件,患有认知障碍的有78件。除此之外,有104件存在着家庭整体的经济困难,86件中存在整顿和卫生等居住环境问题,子女有精神疾病等问题的高达124件。

如此看来,在有地区综合援助中心参与的案例中,不仅存在着父母看护相关课题,显然还存在着与蛰居者本人及其家人相关的综合性问题。而且,对于无业或蛰居状态,大多没有向外界咨询过。通过看护,当事人的问题才首次被外界知晓。

案例 2-①

处于蛰居状态的 A,40 多岁,男性

没有工作经历。为了照顾患有认知障碍的母亲,一度与外界有了交集。但母亲死后,这种交集随之消失。

以看护为契机开始接触外界

为了照顾患有认知障碍的母亲，A先生没有工作，生活几乎全围绕着家庭。刚开始，他难以和外界沟通，即使看护人员来家里，他也不会从自己房间出来，但是在多年的看护中，母亲外出接受日间服务时必须有人帮忙，所以他会把母亲抱着送到家门口。这样一来，和介护人员多多少少就会有一些对话。

但是，母亲去世后，同住在一起的父亲不需要介护，因此与看护人员的联系就断绝了。A先生拒绝帮助自己参与社会的援助活动，蛰居援助等一直未有进展。有介护需求时和外界有了交集，然而一旦不再需要介护，这种交集也就消失了。

> **案例2-②**
>
> 处于蛰居状态的B，50多岁，女性
> 疑似患有精神疾病。父母以不刺激女儿为重，拒绝必要的援助。

亲子双方拒绝援助

虽然B女士疑似患有精神疾病，但由于没有到医疗机构接受治疗，所以未能取得残疾证。因此，她无法享受服务和残疾补助金，只能依靠父母的退休金生活。

为了不引起风波，父母就这样把问题控制在了家庭内部。外人来访后，B女士会恶言相向，所以对于引入看护服务，父母害怕女儿的反应而持消极态度。可以说，父母在心理上遭遇了B女士的虐待。

让外部干预越发困难的原因

很多存在蛰居问题的家庭里，或是亲子双方拒绝外部看护服务，或是拒绝接受社会参与对蛰居者的援助，关起了家门。

在这种情况下，外部干预会变得尤其困难。之所以造成这种状况，还包括蛰居者本人支出过度等原因。家庭会的调查（2019）中，有71例是这种情况。

支出主要存在于"准蛰居"群体，而非"狭义蛰居族"群体，他们只有在做感兴趣的事时外出。可以推断，他们有一定的活动范围，与兴趣相关的支出和娱乐费用等是支出过多的主要原因。

有的案例里，这些支出会成为原因，蛰居者索要金钱或要求由本人来掌管家中存折，甚至会影响父母的生活。这种情况下，蛰居的子女往往会反对引进看护服务，父母也会顾忌其意愿而放弃。

另外，子女的恶语相向和暴力也是父母拒绝援助的主要原因。其中，也有整个家庭受蛰居者支配。介护人员上门时，母亲无法在孩子听得见的地方说出真心话，只能通过笔谈来探寻母亲的意向。

还有一个案例中，父母一方患有认知障碍，家庭整体的状态不再稳定。认知障碍使父母的判断力下降，不能照顾自己，居住环境也会随之恶化。但是，由于蛰居子女无法施以适当的照顾，结果也导致了放弃看护。

介护咨询需要为判断和调整花费精力，可见，这些家庭在此方面并无余力。

界定蛰居之难

不少父母直至高龄，都没有向外界咨询过子女的事情。即使子女符合"蛰居状态"，也没有以"蛰居"一词思考过子女的状况。

在川崎案件中，虽然附近有人看到过去买东西的加害者，但是并不清楚其生活的详细情况。据报道，加害者似乎也有离开养父母家，出去工作的经历。几年前，他回到家里，但养父母生活中几乎和蛰居者本人没有交集。这种父母并不少见，他们与子女同住，却不知子女去了哪里、和谁交流过。

判断是否符合厚生劳动省《关于蛰居的评价、援助指针》（2010）所提出的"回避社会活动，原则上持续 6 个月以上基本不外出"，其实是很困难的。即使是同住的家人，想要严格区分子女是处在"不工作，居家"状态还是处在"蛰居"状态，对他们来说，也是困难的。

即使不是蛰居状态，很多人也存在社交隔离的问题。以家庭为单位的社会孤立和居住环境的问题，让他们拒绝来自外部的援助。这就让仅以蛰居视角把握实际情况、实施援助有了局限性。理想的状态是，不管是否符合蛰居状态，在介护、经济贫困、精神疾病、家庭关系恶化的时候，抓住时机，建议家人开始咨询，接受外部周围援助。

"孤立预备军"的亲子们

在此，笔者想把"8050问题"放在整个社会的动向中来理解。"8050问题"不仅仅是单纯因为有蛰居问题的人老龄化了。在整体人口老龄化进程中，随着年轻人就业不稳定、不婚化等问题的叠加，会暴露出更多不为人知的问题。

值得关注的是高龄父母和子女同住问题。过去，毕业后仍然与父母同住的被称为"单身寄生族"，他们基本的生活条件依赖父母，过着宽裕的生活。但现在，处于蛰居状态的人与父母同住，是因为在经济上比父母更困难，只能与父母同住。

对年轻人来说，平成时代是艰难的。拉开平成序幕的 20 世纪 90 年代（平成 2 年—11 年），泡沫经济崩溃，有的年轻人大学毕业也很难找到工作。此前，在青年就业方面，日本一直被视为"优等生"，未曾面临他国年轻人无家可归、无业可就的问题。处在需要工作来维持生计的年龄，面临的却是就业困难和非正式雇用的趋势，这在战后尚属首次。未能充分认识到这一代人的实际情况，会给社会留下大量问题。

终身不婚率的上升与和父母同住

生活在平成时代，年轻人的家庭生活也不同于以往的时代。1985 年，男性终身不婚率为 1%~3%，而 2010 年却达到了 20.1%，预计 2040 年将会达到 29.5%。2010 年，女性终身不婚率为 10.61%，预计 2040 年将升至 18.7%（图表 2-1）。不婚化受到经济困境的影响很大，特别是男性，年收入越低，不婚率越高。

不婚人数不断增长的同时，与父母同住的趋势

图表 2-1　终身不婚率的变化

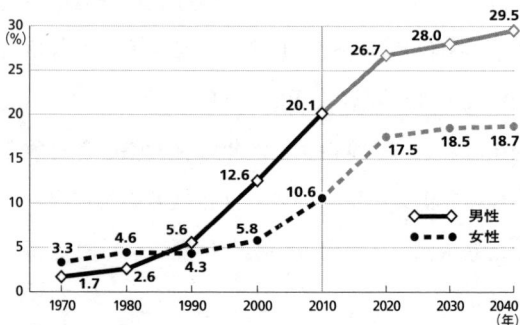

截至 2010 年的实际数值来源于国立社会保障·人口问题研究所编辑的《人口统计资料集 2016 年》。推算值来源于 2013 年《日本家庭数的未来推算（全国推算）》

也有所加强。40~50 岁仍与父母同住的未婚者人数，从 2005 年的 193.2 万人增加到 2015 年的 339.8 万人，比独居者的增量还要多。2015 年，未就业人数为 77.3 万人（图表 2-2）。

　　另外，从 40~50 岁仍与父母同住的人群动向来看，性别与地域的差异也很大。2015 年的人口普查显示，40~50 岁与父母同住的人群中，未婚的无业男性占比 2.8%，女性占比 1.7%。

图表 2-2 40~50 岁未婚者状况

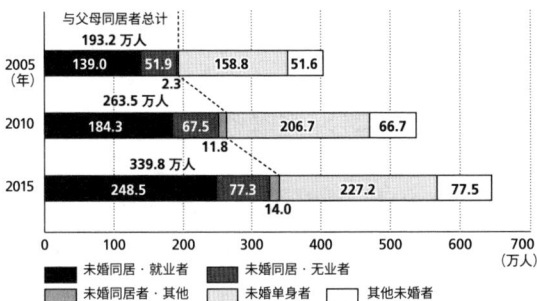

来源于人口普查《家庭结构等基本统计》

再来看一下地区差异。40~50 岁与父母同住的未婚无业者,青森县占比 3.12%,冲绳县占比 2.94%,德岛县占比 2.86%,数字居高不下。相反,占比较低的是滋贺县、福井县、东京都,分别为 1.67%、1.71%、1.83%。

内阁府实施的蛰居人口推测调查,是为了掌握当地蛰居人数而独自展开的,估计会花费相当大的成本。不仅是此类调查,我们也期待能灵活有效运用现有公式统计，推算出存在社会孤立风险的人数。

导致亲子"共同倒下"的经济要因

"7040 家庭""8050 家庭"的数量在持续增加。

从图表 2-3 可以看出，和 70 多岁父母同住的 40 多岁未婚子女人口和与 80 多岁父母同住的 50 多岁未婚子女人口的变化。若同住者为父母"双亲"，则使用父亲年龄作为"父母年龄"。

与单身一代相比，40~50 岁与父母同住的未婚者，经济状况不佳。2015 年，公益财团法人养老金老年计划综合研究机构对 2083 人进行了调查，调查显示，年收入不到 100 万日元的男性占 25.4%，女性占 38.5%。

非正式雇员中，男性占 19.6%，女性占 34.7%。无业人员中，男性占 18.7%，女性占 20.3%。由此可见，尽管亲子同住，但子女在经济上处于弱势，当父母衰老或生病时，很可能会"共同倒下"。

图表 2–3 生活在"7040 家庭"和"8050 家庭"的未婚者动向

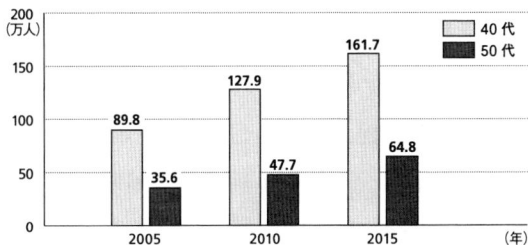

来源于人口普查《家庭结构等基本统计》

明显反映出这一代子女困境的年龄段之一，就是现在 40 多岁人群。泡沫经济崩溃初期，大学毕业后就业的年轻人，差不多快 50 岁了（1991 年度被录用的应届大学毕业生，在 2019 年也快 50 岁了）。从那以后，一直到 2003 年左右，开始求职的一代被称为"就业冰河期一代"，大概是现在的 35~40 岁人群。近年来，"8050 问题"和蛰居族老龄化问题日益显著，很大程度上也受到该年龄段人群动向影响。

团块次代与非劳动力人口比率

图表 2-4 显示的是 20~50 岁各个年龄段"非劳动力"的分布状况。可以看出，大多数情况下，即使在求职期受挫，30 岁以后，由于非劳动力人口比率有所下降，这些人也逐渐有了固定工作。然而，到了 40 多岁，随着再次离职人数的增加，该比率有所上升。其中，"团块次代"（生于 1971 年到 1974 年之间，截至 2019 年，年龄在 45 岁左右的人群）的非劳动力人口比率仍然较高。

由此可见，从人口结构、家庭结构变化的角度来看，"8050 问题"是必然的，且无法回到原来的状态。

可以预测的是，老龄化和不婚化进程到 2040 年都不会停止。尽管"8050 问题"的实际情况才为人所知，但这绝非一时的现象。它已经成为无法忽视的现实。

图表 2-4　各年龄段非劳动力人口比率

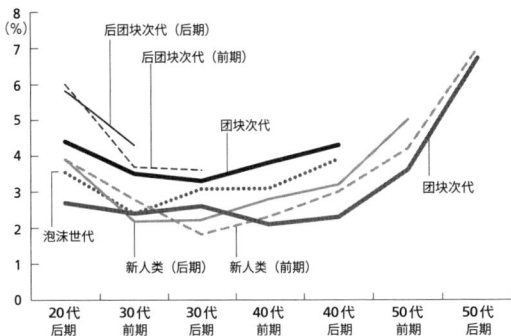

引用自下田裕介《团块次代的实情——造成"不幸的一代"的日本经济、社会的课题》（日本总研《JR I 评论》VoL.5, No.66, 2019 年）

社会性孤立并非与己无关

如今，无论是独自生活，还是与父母同住，以高龄人群为核心的孤立不再只是一部分人的问题。从图表 2-5 可以看出，无论是 40~50 岁的单身和父母同住的人，还是 65 岁以上的老人，数量都有所增加，都面临着孤立的风险。

单身者面临的风险是"孤独死"。在 2012 年内

图表 2-5 面临孤立风险的人群情况

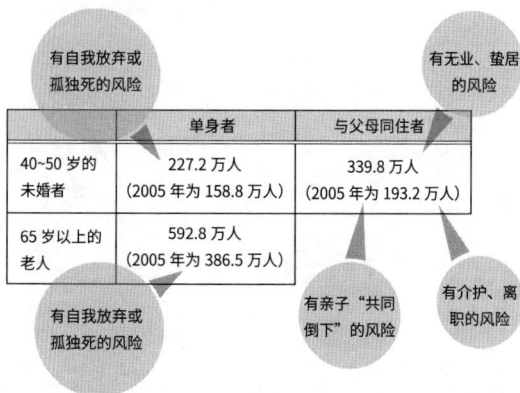

有自我放弃或孤独死的风险

有无业、蛰居的风险

	单身者	与父母同住者
40~50 岁的未婚者	227.2 万人 （2005 年为 158.8 万人）	339.8 万人 （2005 年为 193.2 万人）
65 岁以上的老人	592.8 万人 （2005 年为 386.5 万人）	

有自我放弃或孤独死的风险

有亲子"共同倒下"的风险

有介护、离职的风险

关于单身者的相关数据来源于日本人口普查《按性别分一般家庭人员及亲属人员》（2015）

与父母同住者的相关数据来源于人口普查《家庭结构等基本统计》（2015）

阁府对 65 岁以上独居人群的调查中，切身感到会无人照料、死后才被人发现（"孤独死"）的人群占比升至 45.5%。

2006 年东京都监察医务院的调查显示，实际上，"孤独死"（死后无人知晓，遗体经过一段时间才被人发现）人群中以男性居多，50~55 岁人群已不再罕见。从中也可以推测出，他们在孤独死去之前，已然陷入"自我放弃"的状态，根本无法关注自身健康和卫生状况。单身的蛰居者也同样面临着孤独死的风险。

另外，与父母同住的人群里还包括无业和蛰居人群。一旦父母生病或去世，家里失去了主心骨，亲子就会面临"共同倒下"的风险。为了照顾父母而离职的人，与社会脱轨越久，就越害怕和外人接触，他们可能会面临同样的状况。父母去世后，子女们很可能成为独居者，陷入孤立。如今我们所生活的这个时代里，社会孤立绝非与己无关。

亲子"共同倒下"造成的抛尸事件

地区综合援助中心处理的援助案例里，至少援助中心意识到了蛰居者及其家人的存在，有希望防止他们陷入更深的社会孤立。与此相对，与社会绝缘而陷入不幸的案例中，甚至有亲子"共同倒下"。其中，有的是照料蛰居和无业子女的高龄父母因病倒下；有的或是照料父母的子女身体状况异常，无法再照顾父母，也有亲子尸体一同被发现的悲剧。

近年来，陆续有遗弃尸体的报道，父母去世后，子女没有采取适当的行动，因遗弃尸体被问责。

2014年4月，一位老人死去，其女被捕。爱知县名古屋市一位与母亲（76岁）同住生活的女儿C（43岁），在母亲意识昏迷时未向任何人取得联络，被判为监护人遗弃致死罪。母亲因为脑出血而失去了意识，C却未能向外界寻求帮助。母亲死亡后，C被逮捕。

小学六年级的时候，C因为被周围的人嘲笑容貌而不去上学，其后30余年一直蛰居在家中，据说唯一一次出门是10多岁时去医院看病。案发12年前父亲去世，只剩下她和母亲，靠母亲的养老金和存款生活。

据说，案发那年春天，其母认知症恶化，在家里摔倒骨折后无法外出。迫于介护和购物的需要，C开始战战兢兢地出门。

"32年的空白期，什么都不知道，什么都

做不了。"

"成功去了一趟○○（超市名）。"

"在收银台被问问题时答不上来。有人搭话就紧张。"

从当时的日记里，人们可以看到她又紧张，又想与社会接触的模样。案件大概发生在C外出一个月后。

在审判中，检察官问她在母亲失去意识时的心情，她说："我觉得妈妈希望我帮她。但是，我更害怕和外人接触。"6天后，C联络住在市内的亲戚，告诉她"母亲没有呼吸了"，这才传到了警察那里。

考虑到案件发生前C一直在照顾母亲，法院判处有期徒刑3年，监护观察执行缓期5年。据说，C在审判中表示："无法走出蛰居状态，让母亲感到痛苦，我心里满是抱歉。"

发现孤立亲子的地域职责

地域在发现没有孤立无援的亲子方面发挥着很

大的作用。

面对"8050 问题"，致力于解决社会孤立问题的地域民生委员和街道会员聚到一起，在研修会上探讨如何帮助孤立无援的亲子。在此，常被提出的问题是"如何发现孤立无援的亲子"。

若是老年人，不管是夫妻二人还是独居，很容易陷入孤立无援的境地，周围的人都会留意。但是，如果他们和子女同住，这种危险往往会被忽略。因此，有必要将援助活动扩大到亲子共同生活的家庭，而不只是老年人家庭。

不限对象的援助窗口

还有一点，民生委员和街道会员们最关心的是，要把发现的亲子家庭对接到哪里？

地区综合援助中心专为老年人提供援助，即使可以帮助到"80（父母）"，"50（子女）"也不在援助范围内。实际上，与各地域综合援助中心合作，给整个家庭提供援助的是，生活贫困者建立的"自立咨询援助窗口"。

2015 年,《生活贫困者自立援助法》开始实施。该法第三条指出,"生活贫困者"是指因就业、身心状况和社区关系等原因,陷入经济贫困,无法再维持最低限度生活的人。

该法第二条指出,对生活贫困者采取的自立援助,"要保持生活贫困者的尊严,根据生活贫困者的就业、身心状况,地域社会中的孤立及其他状况,必须尽早进行相应的综合调整"。

自立咨询援助窗口相当于援助入口。以往,对蛰居族和年轻人,很多窗口都有年龄限制,一般限定在 40 岁以下人群。随着蛰居长期化、老龄化的推进,那些不限年龄、对象的咨询窗口将有望应对日益复杂的困局。

截至 2018 年 7 月,自立咨询援助事业在全日本总共设有 1189 个咨询窗口。其中,自治体约有900 多个,都道府县在乡镇部也设置了窗口,有些同一自治体内,也设置了多处窗口。

有些窗口由市政府等行政机关直接运营,有些委托社会福利协议会管理。以下是自立咨询援助窗口的咨询案例。

来到援助窗口的高龄母亲

一位70多岁的女性来到了自立咨询援助窗口:"我想要工作,想找工作。"问及想要工作的理由时,她回答道:"存款也见底了,没钱了。"为什么没钱了呢? "其实,我有一个40多岁的儿子,他已经很多年没有工作了,我很需要钱。"儿子在经济上依附她,频繁向她索要金钱。据说,她还遭遇过儿子的暴力行为。

她所倾诉的表层信息是"想工作""没钱",隐藏在表面之下的则是"儿子蛰居、儿子对我施暴"。实际上,到自立咨询援助窗口咨询的人,大多不知道"蛰居"这个词,也并没有将它与自己联想到一起。

即使有"蛰居咨询"窗口,处于蛰居状态的人也不一定认为自己属于这种情况。对此,自立咨询援助窗口多以"生活与工作的生活中心"之名运营。

图表 2-6　各年龄段对应窗口数量及比例（151 个窗口中，多选）

	窗口数	%
10-19 岁	42	27.8
20-29 岁	83	55.0
30-39 岁	91	60.3
40-49 岁	92	60.9
50-59 岁	77	51.0
60-69 岁	24	15.9
70-79 岁	13	8.6
应对过的窗口数量	133	88.1

基于 KHJ 全国蛰居家庭会联合会的调查（2018）

这样，既扩大了咨询范围，又可以借由提倡咨询，联系到更多的咨询者。

实际上，2018 年，家庭会以自立咨询援助窗口为对象展开的调查中，参与调查的 151 个窗口里，应对过蛰居案例的占 88.1%。从前来咨询的蛰居者年龄段分布来看，人数最多的是 40~49 岁人群（图表 2-6）。

处理过蛰居案例最多的是非营利组织，其次是社会福利协议会运营的窗口，再次是行政窗口。

另外，与地方相比，城市处理的蛰居案例更多，虽然有地区差异，但是在不限定对象的咨询中，可以看出蛰居问题并不少。

各处对蛰居的定义未必一致，所以回答"没有处理过蛰居问题"的窗口，实际上也有以"家庭问题""尼特族"等名义处理的案例。

援助窗口应对的蛰居案例

2018 年的家庭会调查里，从自立咨询援助窗口各取一件案例，针对应对过 40 岁以上的案例进行了问卷调查。最终，收集到了 109 件案例。

引人注目的是，53 件案例中"父亲已经去世了"占比将近一半；"母亲去世了"的案例也有 27 件。另外，父母中有一人"需要看护"的有 14 件，患"认知症"的有 20 件。

除了"蛰居问题"以外，蛰居者本人所面临的问题如图表 2-7 所示。除了与就业、工作相关的问题之外，明显还有人际关系、沟通问题，经济贫困

图表 2-7 蛰居问题之外蛰居者本人所面临的问题（多选）

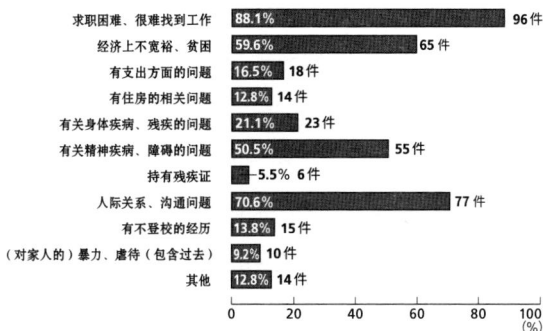

项目	百分比	件数
求职困难、很难找到工作	88.1%	96 件
经济上不宽裕、贫困	59.6%	65 件
有支出方面的问题	16.5%	18 件
有住房的相关问题	12.8%	14 件
有关身体疾病、残疾的问题	21.1%	23 件
有关精神疾病、障碍的问题	50.5%	55 件
持有残疾证	5.5%	6 件
人际关系、沟通问题	70.6%	77 件
有不登校的经历	13.8%	15 件
（对家人的）暴力、虐待（包含过去）	9.2%	10 件
其他	12.8%	14 件

来自 KHJ 全国蛰居家庭会联合会的调查（2018 年）

问题，精神疾病、残疾的有关问题。鉴于这些情况，除了职业介绍所等就业相关窗口，自立咨询援助窗口还与负责生活保障和残疾的行政窗口、保健所·保健中心·精神保健福利中心以及医疗机构合作，共同开展援助工作。

已经过了蛰居咨询阶段的家庭

如第一章所述，年轻人的蛰居问题咨询大多是父母担心子女的状况，开始前往窗口咨询。但是，随着老龄化的推进，当父母来到需要介护的年纪，很难重新开始为子女咨询。很多自立咨询援助窗口应对过的案例中，父母年事已高或已经过世，已经过了专注蛰居咨询的时期。川崎案件就是如此，是地区综合援助中心遇到的案例。

接下来，我们来看看父母需要介护，以及父母入住养老院的情况下，自立咨询援助窗口如何对蛰居本人施以援助。

案例 2-③

处于蛰居状态的 D，40 多岁，男性

D 先生对人抱有强烈的不安，自立咨询援助窗口的负责人细心地与其建立了信任关系后，需要外界帮助的 D 先生自己发出了求救信号。

建立必要的基础关系

父亲去世后，D先生与70多岁的母亲同住。母亲接受了老年人介护，通过介护援助专员和介护经理联系到自立咨询援助窗口，表示"我很担心儿子"。

据说，D先生因为学生时代受到霸凌，陷入了蛰居状态，20~30岁都蛰居在家中。他对人感到不安，再加上强迫症障碍等精神疾病发作，D先生本人无法外出，咨询窗口的援助者也很难登门访问。

但是，援助者并没有放弃，而是定期与D先生进行电话咨询。另外，援助者还通过介护经理从他母亲那里了解到他的成长经历和家庭经济状况，建立了有受援者母亲协助的机制。

一天，D先生在家中受了伤，他自行前往自立咨询援助中心，希望援助者陪他去医院，这也是援助者初次接触到受援者本人。得到D先生的信任，通过与相关机构合作，与D先生的母亲也保持沟通，这才得以接收到他们的求救信号。对于D先生来说，已经10年不曾外出过了。

在这件案例中，年迈的母亲虽然不能自己前往蛰居咨询窗口，但是负责介护的经理可以详细询问儿子的成长经历等。多家机构之间不断积累各种详细信息，为 D 先生主动发出求救信号做了铺垫。

然而，正如本章所述，一些父母由于子女蛰居而无法或不愿意接受介护服务。援助中守护老人自身权利，帮助子女让老人安心，要想真正做到这些，还面临诸多课题。

2018 年的家庭会的调查中，也有因为高龄父母入住养老院或离世，家里只剩下蛰居者本人的案例。

案例 2-④

处于蛰居状态的 E，50 多岁，男性

父母都已离世，陷入社会孤立。援助者通过食物援助和 E 先生建立了信任关系。

"接受低保，不如去死"

E 先生拒绝与人交往，拒绝接受他人的帮助，与他建立信任关系花费了很长时间。他仅在有限范围内与人打交道，比如医生，他不轻易相信别人，对新的人际关系不感兴趣。

另外，与自立咨询援助窗口的援助者面对面交流时，他也有些抵抗，不愿透露自己的信息。不过，该窗口与志愿者团体合作，相关机构仍以食物援助等看得见的形式继续与其接触。后来，E 先生的态度有所缓和，开始讲述自我。

对于相关机构的援助，E 先生的想法发生了积极的转变，由"为了自己这样的人不值得"，逐渐转为"接受了援助，努力一下吧"。即便如此，他还是抵触领取生活低保，最初还说过"接受低保，不如去死"，但后来因为身体状况不佳等原因未能找到工作，最终只能领取低保。

> ## 事例 2-⑤
>
> 处于蛰居状态的 F，50 多岁，男性
>
> 母亲住进养老院后，他一直独自生活，没有与外界接触过。虽然可以确认安危，但始终没有联系过自立咨询援助窗口。

错过时机的援助

在家接受介护援助的 80 多岁的母亲决定入住养老院，F 先生开始独自生活。此时，自立咨询援助窗口接到了地区综合援助中心的咨询。援助者登门访问时门却上了锁，按门铃也没有应答。

几个月过去，夏天到了，援助窗口推测 F 先生所剩的钱已不多，担心他会不会出现脱水现象、有没有进食等。由于一时无法把握其安危，在与政府相关人员取得联系后，终于确认了他还活着。

窗口负责人对此反省道："母亲要入住养老院，

当时家里常有护工和介护经理来，那时候应该还能建立起联系，可以说是错过了时机。在介护服务公司介入的时候，要是能把我们的自立咨询援助窗口介绍给他就好了。"窗口负责人目前正以确认其安危为契机，摸索着与他建立联系。

在这个案例中，介护人员进出家中介护母亲，但还没能援助蛰居的子女，母亲就住进了养老院。家里只剩下蛰居的 F 先生，援助窗口不得不开始艰难地展开援助工作。为避免类似情况再次发生，最理想的方式是，在相关介护人员介入的阶段，就开始与蛰居援助者配合。

援助孑然一身的子女

案例 2-④和 2-⑤，我们看到了父母去世或搬到养老院后，被抛下独自在家的本人的援助案例。也可以看到蛰居者本人在"父母离世后"的生活，有时也会听到父母和子女恳切的心声。

"如果自己死了，子女会不会因为绝望而活不下去？"

"如果是我的话，会在父母过世之后选择死亡。"

但是，如果被孤立的人断绝了所有的社会关系，或者他们无意与外界接触，第三者不应该擅自判断。援助者需要花时间多角度思考，生活中他们需要什么，有什么样的心愿。

个人隐私与援助干预

在介入干预那些社会孤立程度高的或者那些不主动寻求帮助的案例时，必须尊重本人与家人的隐私和他们的自主决定权，避免违反其意愿的干预。当发现他们面临生命和健康威胁时，援助者首先必须要确认其生存状况，必须采取相应的行动。关于应该尊重和优先什么问题，很多在援助现场的援助者都难以做出判断。有必要重新审视包含援助者的权限范围在内的制度，不断加以论证。

援助窗口负责人感受到的困难

父母上了年纪，无法再来咨询自己子女的蛰居问题，外部的援助者也难以接触到蛰居者本人。本章中，既有通过和相关介护人员讲述子女情况，使本人和援助者得以建立起信任关系的案例，也有父母去世或进入养老机构后，家中只剩下蛰居者本人的案例。

这些案例中，以某种形式构建起了援助者与蛰居者本人之间的联系。事实上，还有很多尚未找到援助头绪的案例。接下来，我们结合 2018 年家庭会调查，从援助者视角出发，看看有哪些具体的困难。

蛰居援助最需要的是时间，有时甚至长达数年。下面我们来听听援助者的心声：

"持续访问了半年，才见到他本人。"

"需要很多人力，感到人手不足。"

援助需要时间和毅力。另外，人际关系的构建需要考虑很多因素，然而，在行政机构中，好不容易开始的咨询往往会因为负责人的变动而中断。不管是对咨询者还是对援助者，都是一个问题。

"蛰居状态很难看出改善，所以不能心急。"

"心急就会失败。"

这也考验着援助者的耐力和在时间上的余力。蛰居越是长期，就越难以接近，所以，"援助需要时间"的声音背后，也隐藏着"不能更早开始援助吗？"的质问。"在我印象里，很多人都是在一直照顾蛰居子女的父母死亡或因疾病等难以继续时，才来咨询。"一位援助者叹息道。

"本人和家人没有感受到问题"

常有援助者反映说，从外部来看，本人或家人会对孤立的状况有危机感。"若不是发生了因父母去世而不得不采取行动的状况，否则他们是不会想要接受援助的。"

对于蛰居状态，外部视角与本人所感到的困惑也存在差异。家人对于改变现状抱有很多顾虑，对于"见一见蛰居者本人"的请求，有些父母会拒绝，他们表示："就连我正在向自立咨询援助窗口咨询这件事，都不能告诉儿子。"不少案例中，家人们不希望援助者深度介入。

自立咨询援助窗口的支援者的建议，也是援助者的困惑："既然无法在一段时间内结束蛰居状态，援助者们该怎样做呢？"

"父母期待联系到援助机构就能尽早解决问题，咨询员也倾向于寻求明显的改善。然而事实是，蛰居者本人接受援助需要一定的时间，到参与社会、就业之前仍有好几个阶段。"

当发生总是看不到效果的时候，家人也会逐渐放弃咨询。此外，还有"对蛰居援助的专业性感到不安""开展援助的地区合作体制不健全"等忧虑。

蛰居援助、"8050问题"援助应该是怎样的

可以说，面对包含40岁以上的无业人员和蛰居者在内的"8050问题"，应对之路才刚刚开始。

不管是以介护为契机接触到家人的相关介护人员，还是身处不限年龄与领域的自立咨询援助窗口援助者，对他们来说，今后将处理越来越多的情况。另一方面，即使在外部看来情况很窘迫，蛰居者本人及其家人也怎样都无法接受援助者的提议，这也是现实。

只有到达某种极限，封闭在家庭中的人们才会向外部求助，而在寻求援助时，家人又难以接受具体的建议。为此，有必要重新审视传统的"家庭观"和"蛰居观"。

迄今为止，对蛰居的援助有着怎样的进展，今后需要的观点是什么，在本书的后半部分，我们会继续思考。

第三章　蛰居援助的切入点

无业者和蛰居者援助的开展

川崎案件和练马案件让社会开始重新关注蛰居问题。那么，对蛰居者及其家人的援助是如何展开的呢？纵观平成时代，年轻人的就业问题显著，面向不上学、不就业且未接受过职业训练的青年"无业者"和蛰居者，提供咨询援助的制度已初步具备。

2000 年前后发生了多起蛰居者参与的案件，这些案件也与社会对策的发展进程相关。20 多年过去了，咨询援助体制是否真的可以说十分完备了呢？下面我们将从整体来看一看其现状和问题。

具有代表性的咨询处

当家人陷入蛰居状态，恐怕很多人即刻会想：应该找什么样的机构咨询呢？距家最近的咨询窗口在哪里呢？

代表窗口便是"蛰居地区支援中心"，在都道府县和政令指定的城市里都有设置。一般来说，它们会同时设置精神保健福利中心。精神保健福利中心是行政机构，多以"心理健康咨询"名义开设，专门应对精神保健咨询（心理健康方面的咨询）等。另外，还有像第二章介绍过的基于《生活贫困者自立援助法》设立的"自立咨询援助窗口"。因为有不少类似于"生活、工作咨询中心"的名称，所以需要提前确认所在地的咨询机构是以什么名称开设的。

但是，几乎所有的蛰居地区支援中心，都只能设置在都道府县的政府所在地或政令指定城市里。自立咨询援助窗口也大多设在市政府等地。若是离家很远，有时也很难坚持前往，这种时候，给窗口打电话咨询，他们会介绍在当地提供有关蛰居咨询服务的机构或团体。

　　作为自主业务，民间NPO会专设场所，或实施家庭访问。另外，在家庭会里，有相同烦恼的家庭可以分享经验，互相交流。另外，本书所介绍的制度存在地区差异，实施情况和运用各有不同，因此，建议向附近的地方政府等进行咨询。

　　虽然从外部来看，蛰居看起来是同样的状态，但具体有什么困难，必须优先解决什么问题，蛰居者之前的情况却大不相同。也就是说，需求（"困难"和期望）的确是多样化的。

　　接下来看看长野县的蛰居地区援助中心的指南中介绍的援助案例吧（变更了部分表达）。

案例3-①

　　处于蛰居状态的G，20多岁，男性

　　根据援助者的建议，父母改变了与G的接触方式，让他去医疗机构就诊。

窗口向急于解决问题的父母提供建议

从专科学校毕业后，G 在一家公司工作了 8 个月左右突然缺勤，辞去了工作。父母一直劝 G 尽快找工作，他不再和家人一起吃饭，窝在房间不出门的时间也越来越长。无奈之下，父母只好找到地区援助中心，学习应对的方法。"虽然本人嘴上不说，但他本人会因不安而痛苦，需要家人思索如何应对""不要强烈希望在短期内解决问题""本人的身心健康出现不适时，要尽早去医院就诊"，这些是当时窗口给出的建议。

从第二天开始，只要 G 出现在客厅，父母就会对他说"早上好"，或是创造机会一起看电视，努力聊一些与工作无关的话题。由此一来，家里的紧张感逐渐消失，G 的表情也缓和了下来。

另外，他们还决定通过简单的家务分工来支付零用钱。当 G 和家人能够顺畅地进行对话时，他向父母吐露了当时工作缺勤的情况。原来，G 是因为失眠、精神不振、慢性疲劳感，很难继续工作下去。

之后，G 通过咨询机构的介绍到精神科就诊，并服用了一段时间的药物。后来，他的睡眠逐渐规律，做家务的次数也增加了。作为开始工作的前期准备，该中心又向他介绍了提供就业援助的"地区青年援助站"，G 也开始了关于求职的咨询。

阶段性的援助机制

从上述援助案例可以看出，蛰居咨询的目标不应该为立即"解除蛰居状态"。

家庭内部关系不好的情况下，接触蛰居族时，首先应建议家人改变对待蛰居者的方式。当在家庭内部能够自然地进行对话，蛰居者本人会说出自己的烦恼，家人也能告诉他们援助的相关信息。这是"家人援助"。

在 G 的例子中，在帮助他参与社会之前，为了让他获得精神上的安定，先让他到精神科门诊进行治疗。即使蛰居者本人"想工作"，其家人"想让他工作"，然而当蛰居者与社会脱离了一段时间后，首先也需要找回心灵的健康，再使生活规律稳定下来，这是"个人援助"。

另外，为了进行正常的社会生活，首先蛰居本人要习惯与人接触，还要为其提供能安心的栖身之所，这是"空间援助"。

经过这些阶段，如果本人也有意愿，就会进入下一个阶段，上学、就业。G现在就在寻求地区青年援助站的帮助。地区青年援助站是厚生劳动省在2006年设立的机关，作为示范事业，对以就业为目标的年轻人（年龄多在39岁以下），针对工作中的不安和困难提供相关的咨询，开展社团活动以让他们适应人际关系，举办职场经验分享会和电脑讲座等。

除此之外，基于《生活贫困者自立援助法》的咨询业务中，也实施着"就业援助"和根据该法的"就劳准备援助业"（任意事业）。在《残疾人综合援助法》的既定制度里，既有针对希望在普通企业就业人群的"就业转移援助"，也有针对难以在普通企业就业人群的"继续就业援助"。为了提高就业所需的知识和能力水平，他们都会在一定期间内进行必要的训练，即"就业援助"。

　　如上所述，并不一定非要按照"家庭援助""个人援助""空间援助""就业援助"的顺序进行，但是很多开展蛰居援助的机构和团体都有共通之处。重要的是，要根据蛰居者本人及其家人情况，灵活运动多种必要的援助方式。

　　下面来看一件根据个人需求提供援助的案例。

案例 3- ②

　　处于蛰居状态的 H，20 多岁，女性

　　H 在高中时代，因为无法上学而失去了与同龄人交流的自信，NPO 的援助者向她介绍了可以安心前往的空间。

通过"空间援助"恢复与同龄人的联系

　　从高中不再去学校开始，H 陷入了蛰居状态，与仅有的几个朋友也断绝了来往。蛰居生活持续了 5 年左右，在母亲的介绍下，她开始战战兢兢地参加由援助不登校儿童、学生的 NPO 举办的聚会，前来参与的都是 20 多岁的年轻人。

曾经，H 不擅长与热衷时尚和流行的话题的同龄人交往，但是，在年轻人的集会上，有援助者在其中斡旋，渐渐地，她能和同样喜欢动漫的年轻人交流了。

H 曾梦想成为配音演员，但在实力至上的世界中，她的梦想很难实现，这让她很是苦恼。有次聚会，H 带来亲手制作的蛋糕，得到了大家的好评，她从这件事上发现了自己的长处。于是，她决定去烹饪学校学习。

诸如此例，多数"空间"中，为了让从前不擅长交流的人安心参加，援助者努力召唤无法进入圈子的参加者们。在共同参与兴趣活动的过程中，参加者开始在心中描绘未来想要尝试的事情，由此也能顺利进入到下一个阶段。

案例 3- ③

处于蛰居状态的 I，30 多岁，男性

在地区青年援助站，为了让 I 了解自己，援助者制订了方案。与此同时，通过传授使他未来社会生活顺利进行的诀窍，来帮助他就业。

通过就业援助，了解自己的优势劣势

I 在过去的事务工作中，因为错误持续受到训斥。他不擅长和同事交流，午休时间总是坐在自己的座位上看报纸。时间长了，他开始觉得自己被周围的人视作"奇怪的人"，不久，他越来越害怕职场，继而辞了职。居家几年后，在迎来 30 岁时有了再就业的想法。I 决定前去地区青年支持站，加入了旨在通过参加者互相指出优缺点来理解自我的援助计划。

I 认为自己健忘和热衷于兴趣爱好的性格，可能与发展障碍有关，于是他前往医疗机构就诊。结果，他被诊断为自闭症谱系。

接受这一诊断后，援助站教给他如何不在工作中累积压力、调整身体状态的技巧，以及向上司请教的技巧，之后，他开始在餐饮店打工。

像I这样在社会生活中感到生活艰辛的年轻人，为正确认识障碍的特点，前往医疗机构就诊是很重要的。在和各类参加者一起做活动的过程中，他们也可能会自然而然地了解自己的优势和劣势。

案例 3-④

处于蛰居状态的 J，30 多岁，男性

在医疗机构被诊断为抑郁症，取得了残疾人手册。目前在接受面向残疾人的援助服务。

借助医疗帮助，恢复身心的安定

J在前去求职面试时所乘坐的电车上惊恐发作，当时，他还是大学生。此后，他无法继续学业。在医疗机构，J被诊断为抑郁症，取得了残疾人手册。虽然他本人也想做点什么，但一天的大半时间都是在家里度过的。

30岁时，一直支撑着J的生活的父亲查出了癌症。他对将来感到不安，开始往返于医生介绍的残疾人援助团体提供的"空间"。在那里，听着伙伴们互诉烦恼，渐渐地，他想成为一名援助者。J温和的性格也受到援助团体运营者的好评，几年后，他成了继续就业援助事业所的指导员。

面向残疾人的制度和服务

蛰居者中，有些人确实患有精神疾病，但就像第一章所述，很多人对前往精神科和"心理健康咨询"抱有抵触心理。但是，在医疗机构接受诊断后，取得相应的手续，就可以享受面向残疾人的各种服务。

其中，既有帮助参加者参加自己感兴趣的活动或和其他参加者交流的空间援助，也有为了找到工作而提供支持的就业援助。取得残疾人手册后在普通企业就职，既可以选择不向周围人透露，也可以利用面向残疾人的就业扶持。是否利用面向残疾人的制度和服务，并非简单的二选一，而是由当事人决定，他们既可以选择使用的时机，也可以决定是否要告知周围的人。

援助体制的局限性（1）年龄的"划分"与"阻碍"

步入了蛰居的长期化、老龄化时代，我们发现，现有的援助体制并不充分。

一是年龄"划分"。处在学龄期的孩子陷入蛰居，多叠加着不登校问题。若在义务教育期间，学籍所在校的教师会进行家访，或者可以前往教育委员会设置的教育中心咨询。可一旦过了学龄期，基本上就无法再接受这些援助了。

不少人中学开始不登校或者高中退学，之后陷入蛰居状态，全然不知前往哪里咨询，一拖就是好多年。自治体称，尽管在征得家属同意后，尝试在学生在校期间介绍毕业后的咨询机构等，但并没有正式的实施对策。由于行政部门的管辖范围不同，学校教育期间和毕业后的蛰居咨询援助之间存在阻碍。

二是年龄"阻碍"。援助儿童和年轻人大多以39 岁以下人群为对象，现在需要特别完善的是以壮年、老年人群为对象的新型援助体制。

援助体制的局限性（2）就业援助的窄门

面向青年的蛰居援助，最具代表性的方法是就业援助，实施机构多被要求在短时间内（比如年度内）帮助咨询者实现就业。为此，有人指出，只能选择容易有实际效果的人作为援助对象。

如案例 3-①和 3-③中介绍的那样，地域青年援助站曾是蛰居相关咨询的主要窗口。但是，为了避免与蛰居地域援助中心的职能重复，从 2017 年开始，蛰居者被划出了援助范围。另外，2006 年开展援助时，地方青年援助站将援助对象定为"能看出对自己的将来有努力意愿的人"，2015 年则改为"对就业有努力意愿的人"，这让人担忧受援助对象越来越有限。

目前，为了让就业冰河期一代能够参与社会，政府正在研究新的援助政策。但是，迄今为止的儿童、青年援助政策到底有多大成效？这还有待验证。在 2014 年的业务分类中，也有传闻，地区青年援助站将被废除。各地都有报告称，随着国家方针的变更，有些团体退出了这一业务。

援助体制的局限性（3）对心理健康咨询的抵触

另一种有代表性的援助方法，就是在精神保健福利中心开展心理健康咨询。在第一章介绍的调查中，作为以前使用过的咨询窗口，心理健康咨询也多次被提及。然而，即使周围的人劝说持续前往咨询窗口，蛰居者本人却会加以抵触，表示"我很正常"，考量心理是否健康，往往思考本身就很困难。从中，我们可以看出对于精神疾病和障碍的理解和接纳，社会观念并不先进。

若是精神障碍或智力障碍，患者本人就诊，就能享受取得残疾人手册、领取保障金等福利服务。是否符合残障标准还需由医疗机关来判断，而蛰居状态能否划入其中，标准尚未明确。另外，本人及其家属对能否划入残障范围持消极态度。

为了指导和援助残障幼儿、儿童、学生，2007年，政府开始实施特别援助教育，而现在40岁以上的人群在20世纪90年代之前就已经从初中或高中毕业。即使是符合发展障碍定义，人们也极少会把自己的痛苦与残障联系在一起。

如前所述，蛰居地域援助中心往往设置在精神保健福利中心里。但是，考虑到人们对心理健康咨询的抵触情绪，通过福利机构或社会教育等广泛的渠道呼吁蛰居咨询，这方面还存在很大余地。

援助体制的局限性（4）家人的疲惫

最后，我想指出的是家人的身心疲惫。在案例 3- ①中，首先是家人怀疑"孩子是否蛰居"，于是开始咨询。然而，越来越多案例显示，家人也越发难以采取行动。

正如第一章所述，为了解决问题，家人开始了某种形式的咨询，但也存在因遭到蛰居者本人的反对而放弃外部援助的情况。第二章已经介绍过，"8050 问题"中，很多都是随着父母老去，以介护为契机开始咨询的。近年来，单亲家庭也在增加，单亲父母为了维持整个家庭的生活已竭尽全力，无法再为子女咨询。当下的援助体系中，在接受就业援助和空间援助期间，大多是以家人支持蛰居者的生活为前提的。

如案例 3- ①所示，只要本人接受援助，接下来静观其变就可以了，然而，几乎看不到改变的案例绝不在少数。如果找不到下一步办法，家人也只能继续等待。有援助者表示："我们提出了所有能想到的援助方案，但没有得到同意。蛰居者本人及其家人也都逐渐上了年纪。"

家人关心蛰居子女，找到咨询窗口，现实是，家人长期支持蛰居者的前提已经行不通了。关于这一点，我想在第四章里讨论。

现有制度无法避免的援助中断

面向儿童和年轻人的援助不断推进，却有很多人因为无法被纳入就业援助和残障福利服务的范畴而无法获得充分的援助。以 40 岁以上人群为对象展开的家庭会调查（2017）中，不少案例中的蛰居者都经历过援助中断。

2009 年，佐贺县地域青年援助站以使用过援助服务的 423 人为对象发起了调查，调查显示，约一半人曾经咨询过多个援助机构。然而，尽管一时接受了援助，很多咨询却因为某种原因而中断。另外，对接受过家庭访问的人所进行的调查显示，有六成以上的受访者对援助并不信任。

例如，当蛰居者从 39 岁进入 40 岁时，就不再属于通常的青年援助的范畴，他的困难当然也不会得到解决。中老年人的蛰居问题，不单纯是 40 岁以上人群的问题，很大一部分来自此前儿童、青年援助的搁置。

如上所述，目前的援助体制未必充分。不过，我们可以充分利用各个项目的援助，以接近各自不同的需求。接下来，在纵向分割的援助体系中原地踏步的人，通过接受适合自己的灵活方案——"陪跑型援助"而发生改变的案例。

案例 3- ⑤

处于蛰居状态的 K，30 多岁，男性

K 喜欢职业棒球，援助人员以此为线索与其建立了联系，并为他介绍了残障福利服务。

从家人提供的信息入手

K 在大学三年级找工作的时候，因为心因性疾病开始蛰居在家。父母对此看不下去，提议"至少要接受治疗"，说服了不太情愿的 K。K 出门只是去医院，但医生只是开了药，病情并没有任何进展。

"如果你觉得工作很困难，那就先去做义工吧。无论如何先做点什么吧！"父母提议道。但 K 没有任何反应。

援助人员从家人那里听说 K 是中日龙队的粉丝，于是给他寄了一封信讨论，却没有收到 K 的回信。但半年后，援助人员再次寄信邀请 K 去观看比赛时，K 同意了。到达球场，K 暂时把比赛放在一边，开始讲述："其实我也很想工作，但是对我来说，打工都是一件很困难的事情。每次父母问我'怎么办'，我都不知道该怎么回答。"

援助人员提议他利用残障福利服务。利用就业类的日间活动服务，可以获得一些收入，如果拿到残疾人手册，还可以免除交通费。对此 K 有些心动：

"之前我从不知道还有这样的制度。那我就先试试看吧！"第二天，K立即前往地域自治体的福利科，申请了该服务。他还请求医生协助，取得了残疾人手册，医生也为其开具了诊断书。

提供信息和选项的必要性

在此援助案例中，尽管K在医疗机构接受了数年治疗，但在此期间，父母虽希望K出去工作，K内心却对就业感到不安，父母和K之间的关系就这样持续了数年，时间也过去了。K和家人无从得知的是，一般在求职活动前可以利用残障福利服务，但需要到医疗机构接受治疗才能使用。虽然K符合该条件，但是医疗机关并没有积极地说明相关制度。也许从表面来看，人们会认为是"本人根本没有同意援助人员或父母提议的就业援助"，但是，在考虑本人是否"同意"之前，是否已充分将相关信息和选项传达给了K呢？这值得深思。

陪跑型援助是在援助生活贫困者时提倡的理

图表 3-1 全面信息收集和援助项目单

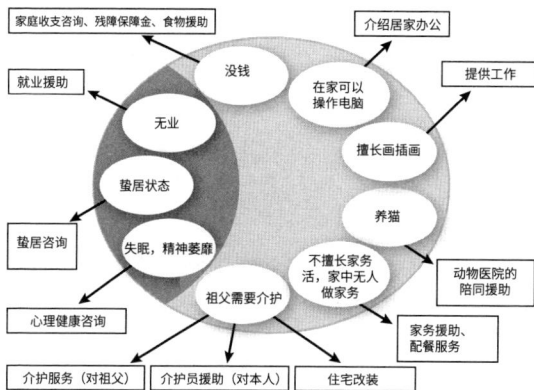

念，它不局限于特定领域，旨在结合多样化制度知识，根据援助对象的需求，找到具体的解决方案。

探寻蛰居族的需求需要充分收集信息，例如兴趣爱好、特长，或者是喜欢吃的食物等乍一看和就业援助或蛰居援助无关的领域。陪跑型援助可以从各个角度找到与蛰居者本人及其家人的触点，对其进行细致的评估（收集信息和制定援助方针）。图表 3-1 显示了综合的信息收集和援助项目单。圆圈里的深色部分是传统的蛰居援助经常提供的项目，浅色部分则展示了适用于更广泛需求的项目。

为了让本人有更多的机会获得援助

不能为实现"陪跑型援助"而缩小援助目标范围，必须营造援助人员可以采取灵活行动的环境。

人们常讨论的是，蛰居援助需要的是就业援助还是空间援助。但是比起二选一，还有更为关键的事情。

即使可以投入到就业援助或空间援助中，援助者也不应被束缚在特定的范围内，而应该给他们留有余地和权限，允许他们在"就业"和"空间"以外灵活应对。

一位20多岁的男性表示，有过蛰居经历的他强烈地认为必须要工作，对参加围绕兴趣交流展开的空间援助活动感到很羞耻。而提供空间援助和就业援助的NPO援助人员表示"有工作机会"，于是他产生了兴趣，前往NPO的活动基地。在那里，他看到了其他参与者或是在家做副业，或是玩游戏，或是投入编程，渐渐地，他也对足球有了一段短暂的痴迷，在他蛰居时，这是无法想象的。之后，他还投入与电脑行业就业相关的活动中。

如此，不是按照援助框架将个人多样的需求进行分割，而是采取灵活的应对措施，这样会增大当事人接受援助的概率。

超越现有框架进行援助的尝试（1）就业援助

实施细致的评估，下功夫为个人量身定制独创的援助项目单。笔者通过负责汇总 2018 年的家庭会调查，对全国的生活贫困者提供的援助进行了访问调查，进而确认在传统的青年援助和蛰居援助的框架下，援助并没有充分开展。

提起传统就业援助，人们容易想到的流程是，接受一定的培训、具备足够的能力后再开始求职。很多时候，人们重视的是在一定时期内有就业成果。

与此相对，也有就业援助重视创造契机，让蛰居者与家人以外的人接触，发现自己的长处。

【1】兵库县芦屋市的案例

兵库县芦屋市社会福利协议会经营着名为"小憩处"的场所,可以去商业街买东西时候顺便路过,家庭主妇们自主参加,活动也丰富多彩。活动的宣传海报,则是由有蛰居经历的年轻人电脑制作的。

参加这样的活动,虽然金额不多,但可以获得报酬。在年轻人看来,他们之所以愿意参与,是因为他们更喜欢帮到他人顺便得到点报酬,而不是被他人视为"蛰居族"接受援助。面对有蛰居经历的人,不要把他们当作"被动接受培训的人",而是要呼吁他们主动参与,鼓励他们成为支持地域活动的力量。

【2】大阪府丰中市的案例

大阪府丰中市的社会福利协议会致力于空间援助活动,推出了名为"丰中 BeenoBeeno"项目单,丰富多彩。某位女性透露,她担心自己会被要求去工作而对援助有抵触情绪，但当了解她擅长画插画的负责人问她是否可以帮忙时，她真的很开心。后来，她开始为社会福利协议会发行的漫画绘制插画。据说，援助人员不是为了提出援助方案，而是有意"物色有能力、有才华的人"而前去家访的。

【3】北海道岩见泽市的案例

在就业援助中，大家共同尝试寻找"自己想做的事"和"适合自己的事"。在北海道岩见泽市，NPO 受到就业准备援助业务的委托，开展了制作和销售用毛线编织的"编织玩偶"活动。

向蛰居者发出"试着改变现在的生活，去工作"的提议，可能会彻底改变他们的生活。有时，这听上去像是对现状的否定，但无论如何，开启援助并不容易。对有蛰居经历的人，不要一味地将他们定位成被动接受援助的一方，而是请他们帮忙，让他们觉得自己"有用"。

另外，并不需要对现在的生活做出大变动，不能忽视那些微小的"获得感"。有过蛰居经历的人，即便鼓起勇气参加就业援助等活动，也可能会为跟不上培训进度而不安。他们害怕以失败告终，最后一无所获，只有伤害，这也在情理之中。援助能让受援者获得肉眼可见的"有用感""获得感"，是尽可能降低援助门槛而做出的努力。

超越现有框架进行援助的尝试（2）生活援助

案例3-⑤中，以观看棒球比赛为契机，蛰居者开始与援助人员对话。狭义来说，这并不属于年轻人援助和蛰居援助，却能与其恢复联系。

日本的福利制度被称为"申请主义"，使用方要具备制度的相关知识，办理相关手续方可使用。滋贺县野洲市在市政府的市民生活咨询科设立了自立咨询援助窗口，向市民介绍办理手续所需要了解的各项制度。该市主张，"既然采用了申请主义，那么就必须向市民介绍到底有哪些制度"，倡导生活困难的人群和公营住宅房租滞纳者积极利用这些制度。

野洲市也积极对蛰居的援助对象进行家访，但是，他们并不是一开始就把目标定为消除蛰居状态。例如，他们发现在援助对象的家中有疑似闲置不用的摩托车，会告知对方"办理报废手续的话，就不用缴纳多余的税金了"等等，非常自然地向对方传达于他们有益的信息。

有自治体依据《生活贫困者自立援助法》开展了家庭收支咨询援助业务，即使不把消除蛰居状态放在第一位，也可以将目标定为重新考虑家庭整体支出过多问题，让现有收入能够维持目前的生活。

应该有很多人都想尽可能地增加收入、重新审视不必要的支出，让生计更轻松。与其以蛰居为由呼吁援助，不如通过谈论生活相关的问题，让他们切实体会到"和援助人员说话也不是那么糟糕"，从而得以把话题扩大到真正的困扰上来。

各地都有类似反馈，他们通过与志愿者团体合作提供食物援助或通过自治体福利制度交涉资金贷款等，为其提供能够维持目前生活的支援项目单，与蛰居者建立起了信任关系的第一步。

关系构建、守护、干预

如前所述，以消除蛰居状态为目标的援助，对蛰居者本人来说，往往最难接受。相关建议可能会引起蛰居者本人的反对，甚至会使蛰居状况更加严重，他们的家人也经常遇到此类情况。

这样一来，蛰居者本人及其家人对援助的态度就会转为放弃，表示"不要管我""现在这样就好"。

对此，我们首先要设立的目标是，不让家人独自面对问题，而是要与外部产生联系，以防他们陷入更严重的孤立，这样才能帮到更多的人。

笔者在总结家庭会的调查（2018）时，提出了"关系构建""守护""干预"等关键词，以此来探寻有效的援助措施。

所谓"关系构建"，并不是要立刻改变援助对象，而是要构筑一种关系，能让援助对象将援助人员视为可信赖的人。例如，根据援助对象的愿望为其解决生活上的困难就属于这一种。

"守护"是指，对构建起关系的援助对象保持持续关注，直到有机会介入干预。例如，父母的身体不好，需要住院或看护时，蛰居者本人也会感到不安。此时，介护人员可以和蛰居援助人员"共同来想办法"，从而拉近与援助对象之间的距离。

灵活运用此类关系构建和守护，首先满足他们身边的需求，之后再推进重要的困境咨询。这就是"干预"。工作、生计等对蛰居者本人及其家人的生活来说重要的事情，都是干预的主题。

多方援助，需要援助人员之间密切配合

要实现多方面援助，仅靠一个窗口或机构是不够的。所谓"多机构合作"，正如其名，需要政府和民间做到共享信息与援助方针。

值得注意的是，此前调查中，笔者关注到了正式（官方）援助和非正式（非官方）援助的结合，即使用政府体制的援助与包括 NPO 和志愿者团体

在内的援助。

> **案例 3-⑥**
>
> 处于蛰居状态的 L，50 多岁，男性
> 社会福利协会的志愿者团体的会员陪同 L
> 去给宠物治疗，从此建立了联系。

陪同前往动物医院

L 与 70 多岁的父亲一同生活。15 年前，L 从公司离职后便一直处于蛰居状态。父亲大发雷霆，斥责他"为什么不工作"，两人大吵一架，随后再也没了沟通。

父亲退休后，开始参加了社会福利协会举办的父母聚会。对于援助人员提议的家访，L 拒绝了，但是父亲看到他在客厅里翻阅自己从父母聚会带回来的通讯杂志。从中可以看出，他对父亲参与并和

有相同际遇的父母们聊天的地方，多少有些兴趣。

后来，从父亲口中得知，L现在最关心的是如何照顾他疼爱的小猫。一次，这只猫生了病，L开始寻找医院。带猫去动物医院需要用车，但父亲和L都没有车。于是，自立咨询援助窗口和社会福利协会讨论后，决定由社会福利协会志愿者团体的成员开车去接他们。几次同行后，L逐渐聊起猫以外的话题。

在得知L有意工作后，援助人员再次建议他前往自立咨询援助窗口，但L并不愿意，他似乎对离家接受培训尚有抵触。于是，援助人员又提出了由社会福利协会承包的家庭副业方案，L接受了。

作为援助人员，如果今后年迈的父亲行动不便，考虑到L的将来，想要提出下一阶段的方案。

在这一案例中，虽然没有利用政府设置的自立咨询援助窗口，但是志愿者团体的成员成功地与L有了接触。他们并不是简单地介绍窗口，而是通过L对猫的关心，找到了接近本人的方法，这对今后援助 L 也是有益的。通过自立咨询援助窗口与志愿者团体详细的信息交换，这一方法才成为可能。

案例 3- ⑦

处于蛰居状态的 M，50 多岁，男性

父母双亡，处于孤立状态。NPO 建议 M 趁父母的遗产尚存时，和福利服务机构取得联系。

以食物援助为契机

父母去世后，M 独自生活。M 的蛰居经历长达 24 年，弟弟每个月去看他一次。对于弟弟的提议，M 几乎没有任何回应，弟弟也无从得知 M 每天过着怎样的生活。然而，M 要求"别管我"，想法越来越悲观。

接到弟弟咨询，为了判断 M 是否能独自生活下去，能否接受援助等，NPO 工作人员带着与之合作的志愿者团体所提供的食物，到M家进行了家访。当时，由于M的拒绝而未能见面，但NPO还是坚持将食物送到M家门口。一次，门口放着一封感谢信。

过了一阵子，M给弟弟打电话询问是否"有工作"，弟弟建议他去咨询援助他的NPO。据说，M自己打了电话，并接受NPO的建议，前往医疗机构就诊。诊断结果是睡眠障碍。另外，NPO了解到M父母留下了大约100万日元的遗产，并让M趁遗产尚存时开始利用残障福利服务。具体来说，就是发挥M的兴趣，寻找能和少量同伴交流的场所，于是，M开始前往地域活动援助中心。

在这一案例中，NPO的援助人员是关键，在食物援助、地域活动援助中心，医疗机构等各个生活贫困者援助制度的重要环节中交换信息，努力在适当的时机提出援助方案。

帮助解决生活上的困难

以上两件案例中，虽然呼吁对方接受相关的蛰居援助，但对方都拒绝了。双方如果狭隘地去理解援助内容，就会因"拒绝援助"而停滞不前。然而，通过不断找出生活上的困难来维持联系，反倒与志愿者团体的成员、NPO 的援助人员得以接触。像这样，向家人以外的人倾诉烦恼，建立信赖关系，就相当于前面介绍的援助活动中的"关系构建"。接下来，促使就业等与将来有关的援助行动再次开展。他们虽然没有得到狭义上的就业援助，却开始家庭副业，前往地域活动援助中心。这就是"干预"。

在案例 3–⑥中，想到将来父亲身体状况会变差，在那样的时机再次呼吁其接受援助。如此，选择下一个难题时产生需求的时机，边准备边持续参与，这就是"守护"。

何为"受援力"

"孩子什么都不会，没有任何优点。"蛰居者的父母常会悲观地讲述，而援助方寻求的却是蛰居者的优点等更为丰富的信息。为了做出全面细致的评估，接受援助的一方需要提供多方面的信息。

就像前文所介绍的各种对策，对棒球比赛和插画感兴趣、可以用电脑制作文书、正养着猫等信息对援助人员来说都很宝贵。但是，父母有时也很难用肯定的眼光看待子女。在面对同类问题的家庭会和同伴援助小组时，透过其他家庭的视角，用不同的眼光来看待自己孩子的"为人"，也是有效的。

围绕受灾地区，地区志愿者和接受外部援助的能力往往会成为话题。这种接受援助的力量被称为"受援力"。

如何提高"受援力"

然而，想让被孤立的人自身积极地拥有"受援力"的想法，对个人而言也许有些勉强。更重要的是，在日常生活中，善于且习惯向地域和社会"借力"。

据说，处于孤立状态的人会异口同声地嘟囔"不想给别人添麻烦"。怎样做才能克服这一想法呢？孤立感深重的人身上往往背负着多重课题，陷入不知如何发出求救信号的状态。

与之相对，在有些案例里，若是日常生活中的小困难，有些人就不会抗拒他人的帮助。对于孤立的高龄老人来说，倒垃圾、换灯泡等不容易做的"麻烦"事可能会成为接受外部援助的契机。比起一开始便思考沉重的课题，建立"互相分担轻行李的关系"可能会成为解决问题的突破口。

"我不想接受福利保障。"

"领生活保障金还不如去死。"

很多人都会说出类似的话，拒绝接受援助。但有的案例里，援助者通过食物援助，持续地进行日常对话，进而改变了蛰居者的想法。孤立的人常常在极端的二选一面前裹足不前，思考"给他人和社会造成麻烦，是活下去，还是死去"。

若现实中存在"让生活稍微轻松一点""不安少一些"的关联，他们也许会自然而然地思索从多样的生活方式中考虑选择哪一种。当然，重要的是利用以生活保护制度为首的制度，守护好最低限度的生活，保障他们的权利。与此同时，我们希望援助方和被援助方所提议的"小步"前进的做法越发生机勃勃。因为曾经没有提议这样的"小步"做法，很多人都被逼到了绝境。

官方援助和非官方援助的结合

解释角度不同，"蛰居援助"一词会让人联想到彻底改变蛰居者的生活方式。倒不如说，暂时摆脱消除蛰居状态的目标，而是挑出能解决他们日常困难和生活需求的援助方式。为此，援助方和被援助方都有必要准备多种多样的小选项。

根据美国心理学家亚伯拉罕·马斯洛提出的著名的"需求层次学说"（图表 3-2），人类的需求（NEEDS）可以分为基本需求和高层次需求。其中，

图表 3-2 马斯洛的需求层次

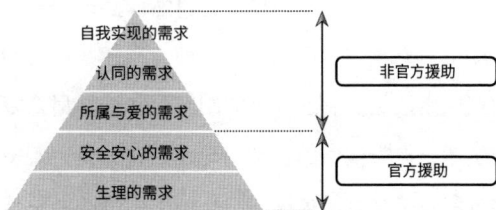

基本需求包括生理需求、安全上的需求，高层次需求包括认同和自我实现等需求。无钱、无房可住等基本需求确实需要通过制度援助得到满足。但要满足获得他人认可、实现理想等高层次的需求，需要珍视"人的个性"，所以只套用统一的制度是不够的。

就本章案例来说，比如援助对象想和心爱的猫一起生活，尽管找不到能满足这个需求的国家或自治体制度，但或许能顺利找到能够提供援助的 NPO和志愿者。因此，制度援助和非官方援助有它们各自适合的援助范围，基本需求使用官方援助，更高层次的需求使用非官方援助，则更容易应对。

　　然而，事实是，很多人抱有基本需求，即使被逼到明天饿肚子，也无法依靠制度。比起官方的制度援助，只有像志愿者提供食物援助等方式进行人与人之间的接触或交流，被援助者才能接受援助。

　　另外，为了避免受援者产生心理负担，筹划更多让他们拥有"获得感"和"有用感"的援助方式也很重要。

　　人如果总是"被援助"的一方，就容易感到痛苦，有时也需要将其转换为"援助"方。像前文所介绍的丰中市社会福利协会的援助人员，他们"不是在援助，而是在挖掘人才"，这便可以与满足马斯洛"认可"和"自我实现"的需求相关联。

　　为了推进"关系构建"这一援助措施，最好不要从一开始就把满足基本需求作为目标，而是要考虑满足周边的、"个性"的需求。这里需要的不是直接切入最大的课题，而是从小事开始，一点一点与对方分享。我想再次强调，重要的是从这里开始，将其引至接受基本生活条件保障，以及活用他们的权利。

　　在本章的最后，我想介绍两个陪跑型援助案例，它们通过陪跑型援助，从多角度收集相关的个人信息，积极地提出各项援助措施，而不是仅仅局限于蛰居援助项目。2001 年，爱知县名古屋市的 NPO 法人橘子会开始了蛰居援助事业，开设了家人咨询、空间援助、就业援助的基地。同时，还和其他团体同受委托，运营面向生活贫困者的自立咨询援助窗口。

以下援助案例由橙子会的代表理事山田孝介先生负责执笔。他从援助者的角度出发，详细再现了蛰居援助现场的情形。同时，这也是一份记录，记录着如何运用超出"蛰居支援"一词联想范畴的援助方案，使拒绝援助的人改变他们的情绪和行为。

当然，援助孤立的人并没有唯一的正确答案，并不存在能奇迹般改变现状的超人。但是，山田先生的行动让人意识到，在细致汲取蛰居者本人及其家人的期望、烦恼方面与最大限度地活用现有制度方面，还有可努力的余地。即使处于孤立状态，也需要向外界表露作为人的需求（期望和烦恼），期待和大家共享丰富的实践案例。

援助案例 1

处于蛰居状态的中根康之（化名，40多岁）

得知康之先生擅长烹饪后，引导他参加会员烹饪聚会，使其与外界接触，提供让他产生自信的环境来进行援助。

蛰居的契机

来咨询的是康之的父亲中根聪和母亲典子（化名，均为60多岁）。初次见面，两人看上去都比其他前来咨询的人更加疲惫。在填写目前的生活情况以及康之的疗程经历时，他们下笔速度十分缓慢，我清楚地记得自己当时还担心地询问他们是否还好。

两人都是中学教师，于前来咨询的前一年退休。由于不知道要如何与已满40岁的蛰居儿子相处，才找到身为援助人员的我（山田孝介）。

康之从小学时起就经常不上学，后来放弃了高中升学，在叔叔经营的酒店做厨师助理。由于平时康之的父亲也会和他商量康之的事，听说康之未能升学，叔叔便让他过来工作。

进入社会后，康之遇到了好同伴，刚开始非常顺利，然而工作 5 年后他开始负责培养新人，工作负担随之也增加了。康之无法承受压力而离职。从那以后，便蛰居家里闭门不出。

蛰居的状态

康之刚开始蛰居的时候，中根夫妇也听从了熟人的建议，没有向康之施加压力，而是尽量让他在家平静度日。他们尽量一起吃早餐和晚餐，休息日也外出泡温泉等，家庭关系还不错。康之也积极做家务，为都在工作的父母分担工作。

康之会独自外出，但仅限于出门购买自己感兴趣的漫画书。母亲每月给他 2 万日元的零花钱，希望他能去人多的地方看看，拓展自己的可能性，康之却没有任何动静。父亲屡次劝说他去蛰居同人聚集地或是医疗机构，但康之总是黑着脸拒绝。如此反复多次后，父母也放弃了劝他工作。

两人退休后的一段时间内，他们的生活并没有什么变化，也许是朝夕相对有些疲惫，康之开始把自己关在房间里，有时候连吃饭也不会露面。

康之之前还会帮着做家务，但父母退休后，他开始什么都不做了。对此，父亲生气地质问他"到底想做什么"，康之突然情绪崩溃，大哭起来。随后，他和盘托出自己内心的怨恨，在他有困难的时候，谁也没有帮他。父亲震惊不已，从那以后就尽量不去刺激康之，他们的关系也有所改善，可以像以前一样闲聊了。

援助的方法

为了避免和康之的关系恶化，我们决定尽量避免直接向他本人倾诉不安和烦恼。我建议由父母告诉康之他们前往窗口咨询，并传递给他家人会共同想办法解决的态度，和他聊一聊援助窗口。

对处在"蛰居"状态的人来说，与外界构建关系毫无疑问是困难的，不是由他独自面对，而是全家人共同解决问题的态度，能够减轻本人的负担。

此后过了一阵子，母亲典子联系了我，她说："无论我怎么劝说儿子，他都说'自己是个没用的人，也不想因为人际关系而不开心，所以不想见人'，事情完全没有进展。他在酒店工作时，由于无法很好地指导后辈而受到前辈挖苦，这给他造成了心理创伤。"

听到这番话，我意识到康之需要的不是自立援助和就业援助，而是先回到人群，重新找回自信。于是，我通过典子邀请康之，是否可以来家庭互助团体举办的厨艺会帮忙。因为我觉得，帮忙做菜可以活用康之以前在酒店工作的经验。

典子他们对这一提议是否能打动康之而感到半信半疑，康之却痛快地答应了。厨艺会当天，康之积极帮忙下厨，并对步骤和调味提出了建议。他厨艺娴熟，我们和他根本不在一个段位，参加的人们都非常开心。收拾结束时，他看上去确实有些疲惫，但据说他回家后，对父母说"我很开心"。

"我一直觉得自己对谁都没用，早点死了就好了，没想到在厨艺会上能让那么多人开心，我开始觉得自己对别人还有点用。"

此后，康之也参加了家庭团体的聚会，每次都展示自己的厨艺。一年后，在家庭聚会上结识的人为他介绍了一份居酒屋的工作，如今，他全年都在工作。

一次，康之告诉我说："其实，我在蛰居时瞒着父母去过地方政府的年轻人就业咨询窗口。只是，那里只会说工作，总觉得离我很遥远。有像厨艺会那样让自己重新找回自信的机会，真是太好了！"

援助人员视角

正如这一案例，对就业援助等现有援助持否定态度的人，如果遇到可以发挥自己能力的机会，体会到自己有用，也会有人应邀前往。以自立和就业为目标的援助固然重要，但很多人并不能一步达到。首先创造让他们生出自信的环境，让他们有信心和外部产生关联，这对蛰居援助来说是重要的。为此，不能只是一味等待本人接受现有的援助项目，而是应该收集包含兴趣爱好在内的经历等信息，并找到时机，积极进行援助的提案。

援助案例 2

处于蛰居状态的德永道子（化名，50 多岁）

道子一直依赖的父母相继猝死。姐姐庆子（化名）开始照顾道子的生活。道子拒绝前往医疗机构，援助人员为她提供了减轻经济压力的信息。

蛰居的契机

道子高中毕业后前往法国，实现了留学的梦想，回国后，在当地的商社就职。她性格开朗，很受大家欢迎，甚至有几位男性同事想要和她交往。她也期待将来能发挥自己的语言特长，到国外发展。

但不幸的是，30 岁这年，她遭遇了一场交通事故。在下班回家的路上，由于下雨，一辆摩托车转向失控，打滑冲到人行道上撞倒了道子。虽然保住了性命，骨关节却留下了严重的后遗症，行走必须依靠拐杖。道子遭遇事故是在 2000 年左右，那时的公共场所尚不具备像现在这样完备的无障碍环境，后遗症给道子造成了很大的负担。在周围人的帮助下，道子曾尝试过回归原本的生活，但身体状态不佳，仅气压变化都会带来疼痛，她只好辞职专心于康复训练。

康复训练持续了将近 1 年，在家人的帮助下，道子后来可以独立完成很多事。那时，她工作时结识的未婚夫也给了她很大的支持。道子逐渐找回了自信，想要回归社会并开始求职，不久就被当地的房地产公司聘用为财务。

但是，此时的道子又遭遇了不顺心的事情。未婚夫的父母以车祸的后遗症为由拒绝了婚约。这件事给她造成了巨大的打击，道子什么都不想做，只是在家里昏睡。就连上司前来探病，道子也避而不见，之后被辞退，陷入了蛰居状态。

蛰居的状态

道子和以前相比，判若两人。以往活泼的她突然变得沉默寡言，脸色暗沉，食欲不振。周围的人劝她去医院，她却觉得"就算治好了也没什么想做的事"，因此拒绝治疗。

道子的生活节律昼夜颠倒，和家人碰面的次数也越来越少。她不碰母亲为她准备的食物，而是用冰箱里的食材做一些简单的吃食。

父母想让她出去散散心，屡次给道子零花钱，第二天早上却被放回到桌上。

父母一直照顾了道子十几年，在当地铁道公司负责宣传工作的父亲，退休第二年突发心梗而离世。几年后，母亲也因脑梗去世了。之后，已经出嫁的姐姐庆子接手打理父母的遗产，每个月给道子汇去

5万日元的生活费。虽然金额不大，却是考虑到今后道子的生活的最大额度。庆子透露，自己的丈夫也因为精神疾病换了工作，导致收入减少，不知道能持续汇款到什么时候。

道子似乎也对此理解，她时而会有气无力地打来电话吐露，"也许已经不行了""我宁愿去死"。每次庆子都提议她去找援助机构帮忙，道子却不为所动。

援助的方法

听了庆子的介绍，我怀疑道子患有某种精神疾病，想确认一下她的状态，于是和庆子一同前往道子家中，她却关在房间里没有出来。隔着道子的房门，庆子耐心地劝她去治疗，道子却拒绝接受，理由是"即使治疗也回不到可以工作的状态"。

"精神状态不稳定，她本人也从心底认为需要去就诊，但又觉得为时已晚，对未来感到悲观，抗拒吃药，也一直拒绝接受治疗。她还说，要是在父母劝她的时候就去治疗就好了。"庆子如此说道。但是，就诊并不仅仅是为了治疗，还可以扩展到接受各种服务。

由于道子在金钱方面感到强烈不安，我让庆子转达给她，根据诊断结果有可能会获得残障保障金。

没想到第二天下午，庆子对我说妹妹想见我，于是我和庆子一同前往道子家。打开大门后，门口朝里散落着垃圾和杂志，空气中弥漫着腐烂的气味。只有厨房和日常活动的地方勉强称得上干净，其他地方则堆满了物品。

庆子去唤道子，得到的却是"还没做好准备，请再等一会儿"的回答。我察觉到很难在家中完成对谈，便提议到我办公室聊，道子也答应了。

我清楚地记得，那天道子穿了一件严重褪色的衣服。据庆子说，那是道子以前很喜欢的西服。

难以置信的是，之前一直拒绝与人交流的道子，开始侃侃而谈。她说的几乎都是过去的悔恨和烦恼。具体来说，是自己有困难时无人施以援手，遭遇交通事故后公司同事漠不关心，等等。有时，谈话的内容与事实不符，有时她会控诉被别人窃听，可以看出她内心的混乱。

我大致听了道子的诉说，试着和她谈论今后的生活问题。以前庆子一提到这方面的话题，道子便会拒绝，而这天，她却默默地倾听着。我为道子整理并说明了对她有益的医疗和年金信息，她回道："就听您的吧！"

第一次前往医疗机构就诊时，是庆子和我陪同道子的，我们就诊前的经过和目前的生活状况等向医生进行了说明。由于道子抵触服药，这天就只是向医生说明了情况。第二次以后，就诊便由庆子陪同了。也许是对尊重自己节奏的主治医生产生了信任，道子逐渐开始和医生交谈，并透露自己总是觉得有人在附近。

初次就诊一年后，道子开始服药治疗。她的症状在某种程度上也得到改善，但她已经脱离社会20多年，而治疗需要时间，半年后，她开始领取残障年金。

定期领取残障年金后，道子对生活的不安减轻了很多。她收拾了家中的垃圾，并搬到了一处更小的房子里。如今，她开始独立生活，并考虑使用能够日间活动的福利服务。

年金的到账通知下来那天，前来致谢的庆子告诉我："父母生前一直希望妹妹能够自主地行动。虽然当时强行让她出门也不是好办法，但是父母要是知道一些残障年金的相关信息就好了！特别是看到这次有了大进展，我想，如果当时具备信息和知识，妹妹和我也许就会有不同的人生了。那时，父母虽然也和家人讨论过，但更多的是讨论如何照顾道子。"

援助人员视角

这个案例是父母去世后，蛰居者由兄弟姐妹照顾。父母会因为"不想给周围的人添麻烦"而独自烦恼，从而错过了早期解决问题的时机。

这一案例中，蛰居者本人由于获得能够维持目

前生活的援助而减轻了焦虑，并找回了对未来生活
的期待。援助人员需要通晓福利制度等多领域的项
目，根据对方的情况来给出建议。

第四章　如何拯救极限家庭

不想给别人添麻烦

据报道，在练马区发生的案件中，杀害儿子的父亲面对警视厅调查时陈述："我不想给周围的人添麻烦。"

很多存在蛰居问题的家庭无法向外界发出求救信号。例如，在残酷的家庭暴力背景下，亲子之间、兄弟姐妹之间的关系恶化，或者连吃饭都困难的生活贫困……即使身患关乎生死的疾病，也很难向外透露。不停地忍耐，直到极限，最后只有家人们坚持到最后，依然试图解决问题。有时，结果是"共同倒下"。

村落越来越空，65 岁以上人口占总人口半数以上的村落被称为"极限村落"。而在社会当中，是不是隐藏着双方即将共同倒下的"极限家庭"呢？

从何时起，家庭变得如此孤立？即便如此，到最后也只能依靠家人，这又是什么原因呢？

日益缩小、脆弱的家庭

整个平成时代，日本家庭规模不断缩小，如今，单身家庭已成主流（2015 年人口普查为 34.6%）。独自度过漫长晚年的老年人也在增加。65 岁以上和子女住在一起的人群占比从 1990 年的 59.7% 减少到 2015 年的 39.0%。父母与子女分开居住，有的住在子女的附近，有的与子女住在同一个地区，亲子关系也正变得多种多样。

由于人的寿命变长，父母不一定会先离世。20 世纪 70 年代以后，每对夫妇平均拥有 2 名子女，父母可以依靠的子女人数也减少了。

不和子女住在一起的理由有：和子女一代的生活习惯不同、要顾及人际关系、不想给子女添麻烦，等等。

随着不婚化规模扩大，四五十岁的子女和父母同住的比例也越来越高，但多数情况是，子女依赖父母。比起自己老后的生活，很多父母"更担心孩子的未来"。如前所述，与父母一代相比，这一代子女在经济上更加脆弱。

再来看经济方面。1985 年，家庭工资月收入（实际金额）为 49.1 万日元，1997 年达到峰值，为 56.1 万日元，2017 年则降至 49.2 万日元。家庭储蓄率从 1985 年的 16.2% 大幅降至 2016 年的 2.2%。

对家人的期待越来越高

从外部看，家庭的力量似乎变弱了，但在人的价值观层面，整个平成时代，人们似乎变得更加重视家庭了。

统计数理研究所实施了一项名为"日本人国民性调查"的项目。从 1953 年开始，每 5 年会围绕日本人对事物的看法和思考方式的变化进行调查。调查显示，从 1983 年开始，针对"对你来说，最重要的是什么"这一问题，回答"家人"的人数占据了首位,超过了之前排在第一位的"生命·健康·自己"。之后人数也在持续增加，1993年开始，占比一直在40%以上。

认为"家人很重要"的倾向日益明显，其背景是什么呢？如今，未婚和单身的人越来越多，可以说，"家人"的经历不再是赋予每个人相同的东西，而是变得越来越珍贵。

但是，很多人在遇到困难、问题时，仍会把家人视为可依赖的人，一起商量。例如，育儿中的夫妇能求助的对象，绝大多数是自己的父母或是配偶的父母。因此，出于某种理由不能求助家人，可能顿时会变得孤立无援。

家人在社会中越发受到重视，但如何和家人一起生活完全是个人的选择。行动力和经济能力会左右家庭的形成和家人之间的关系，并不是任何人都可以理所应当地求助于家人。

重视子女的家庭主义

在越来越重视家人的趋势中，特别受到重视的是子女。

从 1988 年开始，博报堂生活综合研究所每 10 年对家庭实施一次内容基本相同的问卷调查，可以以此为参考，了解大约历时 30 年的平成时代的家庭变化。对比 1988 年和 2018 年的调查结果，赞同"子女是家庭关系的中心"的，丈夫所占比例从 60.2% 升至 77.0%，妻子所占比例从 56.0% 升至 74.3%。赞同"夫妻是家庭关系的中心"的，丈夫所占比例从 27.3% 降至 16.8%，妻子所占比例则从 31.8% 降至 19.5%。

实际上，父母也越发不吝惜对子女倾注感情。赞同"子女还是早点离开父母比较好"的，丈夫所占比例从 68.5% 降至 60.6%，妻子则从 64.8% 降至 43.3%（图表 4-1）。

另外，"比起父母的生活费，更应该把钱花在子女的教育费上"，对此表示赞同的丈夫和妻子都

图表 4-1　赞同"子女还是早点离开父母比较好"的比例

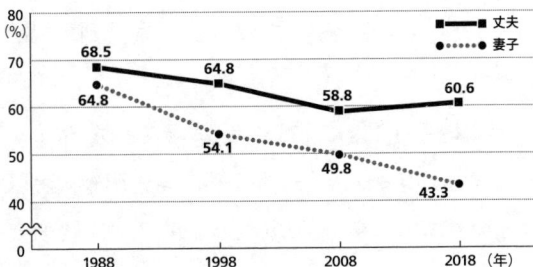

引自博报堂生活综合研究所《生活者的平成30年史》

有所增加。而对于储蓄理由，认为比起自己的晚年，储蓄更应用于子女教育的人数也在增加。

平成年代，大学的升学率急剧上升。同时，利用奖学金升学的学生也不断增加，达到了大学生总数的一半。对于离开父母独自生活的大学生，父母汇来的生活费有所减少，我们从中可以窥见，在未必富裕的生活中追求高学历的亲子。

长期化的亲子关系

在家庭基础变弱的情况下，长寿化导致"亲子"共同度过的时间也更长了。博报堂生活综合研究所将"成年后父母尚在"的人定义为"成人子女"，并推算了他们在人口中所占的比例。结果显示，"成人子女"在 1950 年的总人口中占比为 29.0%，到 2000 年，这一比例约会升至 50%。

另外，1990 年，"成人子女"的平均年龄（图表 4-2）为 28.1 岁，2010 年则升至 32.8 岁。今后，预计到 2030 年将会达到 36.7 岁。

从出生到照看父母，亲子共同存在的时间也越来越长。根据该研究所的推测，2000 年大概达到了 60 年。也就是说，很多成年人有三分之二以上的人生都是以"子女"的身份度过的。

正如我多次提到的，老龄化和不婚化进程今后也不会停止。工作上，非正式雇佣所带来的不稳定也会持续下去。如果今后"成年子女"的平均年龄持续上升，那么不婚或者在无业状态下与父母生活

图表 4-2 "成人子女"的平均年龄

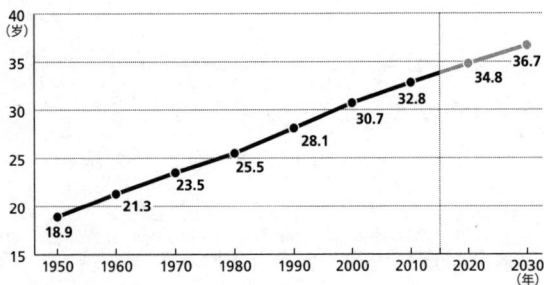

引自博报堂生活综合研究所《生活动力》，2015 年后为推测

的人的困难，将不是一时的问题，而是人口结构带来的必然问题。

子女与父母分离的时机是何时

在"成年子女"时期很短的年代，父母颐养天年后亲子关系自然会终结，父母与子女很少长时间生活在一起或对彼此进行照顾。另外，在初婚年龄和终身未婚率较低的时代，子女结婚后离家独立，亲子关系告一段落。但是，如今在子女成年后，亲子关系仍长期存在，那么，选择离开子女、离开父母的时机将成为一个艰难的选择。

例如，如果子女成年后没有工作，仍然和父母住在一起，那么父母是继续为其缴纳国民养老保险呢，还是继续给子女零花钱呢？还有，当上班的子女失去工作时，能建议他们回老家吗？结婚后独立的子女如果离了婚，又该怎么办？"因为是我的孩子"，所以继续照顾他（她），还是由父母承担子女的房租和生活费呢？父母为了子女，到底应该做到何种地步呢？

如果父母不伸出援手，那么子女可能会越来越萎靡不振，但是如果过度干预，可能会遭到本人的反抗，或许会剥夺本人的独立性。每个家庭的想法和价值观都不一样，所以这个问题没有标准答案。但是，人的寿命终究是有限的，父母与子女之间不可能永远支撑彼此的生活，因而有必要去探寻亲子分离的时机。

以往，或许是以孩子就业或结婚为契机，亲子关系得以适当拉开距离，但现在，就业困难和不婚化进程的推进，使年轻人很难找到自立的时机。再加上人寿命的延长，父母从物理上照顾孩子的时间也延长了。

过去，亲子关系往往会顺其自然，随着社会的变化，亲子双方不得不重新思考双方关联的程度。当自己的子女遭遇挫折时，要如何度过前所未有的长期亲子关系，父母们背负着尚未可知的课题。

隐性贫困

和无业、蛰居子女共同生活，生活费大多由父母承担。

NPO 法人 Big Issue 基金旨在援助无家可归的人，以解决贫困问题，2014 年发起的一项针对 1767 人的调查，其中，二三十岁未婚、年收入不满 200 万日元的年轻人群中，77.4% 与父母同住。和父母同住的年轻人群中，无业者的比例高达42.7%。同样的年龄、同样的年收入，和父母分开生活的未婚年轻人占比为 26.8%。

作为比较，2010 年人口普查同龄未婚青年中，无业者占比 14.3%，两者差距十分明显。与父母同住的理由中，"无法负担住房费用"的高达 53.7%。这些人不是以前被称为"单身寄生虫"的富裕未婚者，而是由于非正规雇用等导致他们在经济层面十分脆弱而与父母同住。

与父母同住的人中，"有不登校或蛰居经历"的比例为 24.3%（分居者 16.3%），"霸凌"为 36.8%（同 25.3%），"抑郁症等精神问题"为 28.5%（同 24.3%）等，在学校生活等方面遭遇过困难的占比高。

在家庭会的调查（2015）中，花在子女身上的费用依次是生活费、零用钱、保险金，每月高达 5.8 万日元。即便如此，在尚且富裕的时候，多数父母仍愿为子女承担这些费用。

2001 年至 2003 年，家庭社会学家团体在东京都府中市和长野县松本市这两个城市，实施了"关于年轻人和父母生活方式的调查"。结果显示，同住的 50 多岁父母和 20 多岁子女中，"对同住感到满意"的父母所占比例更高。

相反，回答"想分开居住却实现不了"的人群中，子女所占比例更高。这样看来，反而是子女们对同住抱有各种各样的压力。

从该调查中，也可以看出男女差异。诸如亲子购物这种"共同活动"，如果是儿子且他本人收入高、经济条件好，就容易做到，否则就很难进行。男性会背负"出去工作赚钱"的期待，倘若无法满足，他们就会在同家人住时感到丢脸。

另外，不工作的男性参与家务的时间也越来越短。可以推测，男性也许是想通过避开易被视为女性职责的家务事，来保持"男子气概"。

另一方面，女儿在自己经济不富裕、父母富裕的情况下，会更多参与亲子共同行动，由此可以推测出女性更容易接受"被帮助"的角色。与男性相比，女性对家庭生活的评价也更宽容，这也使无业或蛰居状态的女性所承受的生活艰辛很难被看到。并且，女性往往会被要求照料家人等，离职后很难与社会保持联系，对那些潜藏在看似圆满的亲子同住生活中的问题，也有必要引起注意。

不想给子女添麻烦，但又非要照顾子女

正如本章开头所述，很少有父母想在晚年靠子女照顾，这一点从这位家庭社会学家的调查结果中也可以看出来。因为生活习惯不同于子女一代，父母并不一定愿意与子女同住。但是，可以看得出，如果父母可以帮到孩子，他们就会愿去帮。让我们来听听父母的心声吧！

"考虑到将来的晚年生活，我有些不安，但我的长子和儿媳说，他们可以照顾我，我也相信。但我们还是想做力所能及的事情，不想给他们添麻烦。"（长野县松本市，57 岁女性）

"我有一个儿子，无论什么时候，孩子是孩子，父母是父母，所以我一直留心尽量不给独生子增加精神和经济上的负担。照顾年迈的父母，我想大家都是一样孤寂的。我觉得宁可牺牲父母，也不能牺

牲子女。"（东京都府中市，52 岁女性）

府中市女性所说的"宁可牺牲父母，也不能牺牲子女"，描述了很多父母的心情。即使父母们正向"父母是父母，孩子是孩子"这一新的生活方式改变，但依然深深地想在力所能及的范围内帮到子女。

然而，与从前相比，家庭变得越来越脆弱，一旦有意外发生，便会陷入深度的孤立与生活贫困之中。越来越多人坠入家庭现实和意识的低谷。

为何家庭会被封闭

如前所述，成家已成为人生的宝贵经历，它取决于你所选择的行动和经济能力，不再是人人都可实现的。另一方面，"因为是家人，所以理所应当"的意识仍根深蒂固，但也许仅停留在父母给予子女情感的层面。

"7040"一代和"8050"一代中的"父母"，经历了日本社会飞速增长的昭和时代，而生活在平成时代的"子女"，在就业和结婚自立方面则无法像父母那样顺畅。笔者认为，这也促使父母持续"照顾子女，爱护子女"。

在子女出现问题的时候，年迈的父母会产生"自己必须承担"的责任感。另外，他们觉得这是不能对外人言说的"家丑"。

根据刚才介绍博报堂生活综合研究所的调查，羞于"将家庭内部的问题告诉别人"的人群中，男性比女性多。另外，30 岁以下人群占比 49.5%，与此相比，40 岁以上人群占比为 58.9%，50 岁以上人群占比为 70.2%，可见男性中，年龄越大，所占比例越高。而女性所占比例 30 岁以下人群占比为 36.0%，而 50 岁以上人群占比为 43.7%（图表 4–3）。

因为过去没有调查，无法与此前调查进行比较，但基本可以认为，年纪越大，越会抵触向家人以外的人求助。另外，在此也要指出，女性更容易肩负育儿的责任，母亲会更难把子女的烦恼透露给外界。

但实际上，有些家人从一开始就表示"不能给

图表 4-3　回答"羞于将家庭内部的问题告诉别人"的人数占比

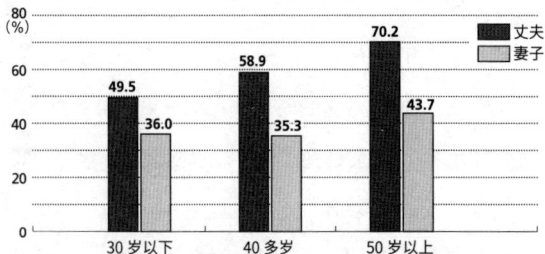

	30 岁以下	40 多岁	50 岁以上
丈夫	49.5	58.9	70.2
妻子	36.0	35.3	43.7

引自博报堂生活综合研究所《家族 30 年变化》（2018）

别人添麻烦"，这表达的正是无法将自己与外界隔开。

　　是从什么时候开始，子女的问题被封在了家庭内部的呢？下面，让我们来回顾一下昭和以来家庭经历的变化。

专注于育儿的社会开端

　　我参考家庭社会学和教育社会学的研究成果，大致做了整理。如图表 4-4 中的①所示，在经济高

图 4-4

①地域共同体中的家庭　　　②只有父母与子女组成的家庭

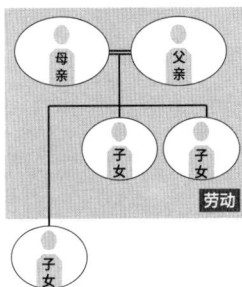

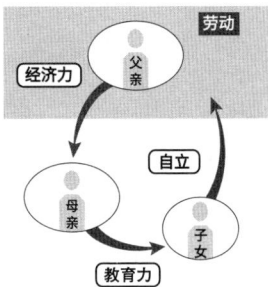

速增长期（约从 1955 年至 1973 年）之前，以农业和渔业为生的社会里，家庭与地域共同体间并未被分离开来，妇女和儿童都从事整个地区的生产活动。年长的子女已经成为农业和渔业的中坚力量。

另外，被称为"乡村教养"这一共同体的规矩优先，家庭对子女的教育和管教负担的责任较小。

与此相对，生活的单位变为"父母和子女"的是②时代的家庭。现代也常说"小家庭"化，但实际上小家庭增加是在经济高速增长期。在职场工作的男性，和被称为"全职主妇"、专心于家务和抚养子女的女性之间，在角色分工上变得明确了。子女从劳动中解放出来，可以专心接受教育了。

但是，进入了 20 世纪 70 年代以后的低增长期后，这样的家庭面貌很快就迎来了极限。因为工资增长缓慢，母亲也工作的双职工家庭增加。到了平成时代（1990 年以后），非正规雇佣人员增加，离婚的人也增加了。仅靠父亲的收入就能生活的家庭不再普遍，或许可以说反而成为了被羡慕的对象。由于母亲也外出工作，利用保育所也变得普遍了。

成年后的亲子关系又是怎么样的呢？过去，子女和年迈的父母住在一起，赡养老人被看作是孩子的义务，但如今，越来越多的父母和子女们分开居住。再加上养老金制度的发展，由子女照顾年迈父母的社会标准正在松动。

另一方面，即使子女成人，父母仍然习惯照顾子女。同是东亚国家，有的地区老人和子女相互帮助，比如韩国；有的地区倾向子女照顾老人，比如中国。而在日本，则更倾向于老人照顾子女。持续支持子女的父母，其心理会受到文化背景和历史进程的影响。让我们再重新审视一下日本式亲子关系面临的现状。

平成时代家庭面临的矛盾

昭和时代的家庭是由经济持续增长、终身雇佣、全职主妇支撑的，而平成时代则不一样，同样作为"家庭"存在，其内部比以前更加脆弱了。可以说，围绕育儿的问题变得更加严峻了。

教育社会学家本田由纪先生提出了"战后日本型循环模式"，来展现昭和时代发挥作用的"从家庭到学校、再到工作"的人的循环。有不去上学或蛰居子女的家庭，有时无法很好地融入到这一循环中去。

由于学校是以学年为单位来输送学生的，对于因不登校等原因而未能接受教育的人，学校不会再承担再教育职能。在统一招聘应届生的系统中，人们也无法期待职场再教育。因此，当子女在上学或就业遇到困难时，家庭会再次成为子女的依靠。

但是，对脱离标准人生路径的子女，家庭并不具备再教育的实际功能。如果能顺利上学或就职也还好，但也会发生子女不登校或开始蛰居等意料之外的事。

学龄期的贫困和先天性缺陷会相对在早期显现，但随着年龄的增长，拒绝上学的人和蛰居族会被排除在社会援助的对象之外，责任容易被归到家庭内部。例如，蛰居状态也会出现在升入大学或工作之后。即使其中隐藏着孩子的发育迟缓或就业环境严峻的问题，社会援助也会受限。父母自身也抱有"育儿失败"的意识，这让他们倾向于由自己承担责任。

如此一来，在容易培育出"依赖父母"的孩子和年轻人的社会里，成人期以后的蛰居很容易被忽视。在没有社会援助的情况下，直到父母离世之际，问题还是未能靠社会解决，父母也只能考虑"为了自己死后子女能活下去而留下财产"。

确实，经济上宽裕的父母支持子女，这是自然，然而，并非所有的家庭都能做出这样的选择。另外，支持子女的"余力"化为怨恨，剥夺了子女精神、生活独立的可能性，这同样值得思考。

传统援助体系所面临的极限

援助年轻人和蛰居族，主要是围绕图表 4–4 中②的世代而开展的。援助主要将父亲的经济能力和母亲的教育能力作为前提。接受援助期间的家庭开支也需要父亲的支持。本人和家人之间的交流中断或是关系恶化时，需要以母亲为中心来改善人际关系。

图表 4–5 展示的就是这样的流程：重新建立家庭关系，让蛰居者本人先能慢慢接受家人的援助，最终本人接受援助，走向自立。

上述这些阶段性的援助是非常自然的构想。以这样的流程参与社会并取得进展的情况也很多，但是，如果只将这些方法作为选项，有时也会错失其他可能的援助方式。特别是在蛰居长期化、老龄化的情况下，也会有尝试"其他援助观"的空间吧！

如果只认定一个正确方针，只要事情不按预计

图表 4-5　以"小家庭"为前提的蛰居援助

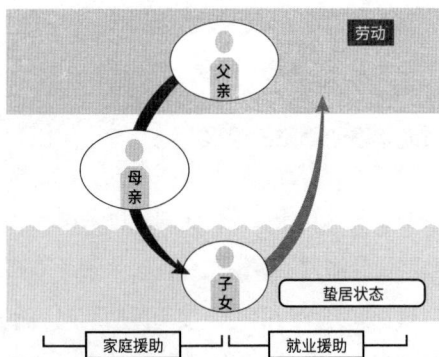

方向发展，人们就容易觉得是自己的责任。"父母改变了，子女也会跟着改变"，父母们一直受到这句话的束缚。如果子女陷入蛰居，父母就会产生自责的念头："作为父母，是不是有什么欠缺的地方？"于是，这一念头会化作动力，"现在更应该像个父亲、母亲"，比如说，反省自己过去不关心孩子、一心工作，竭尽全力想挽回家庭的凝聚力。

实际上，越是成为"好母亲""好父亲"来守护子女，子女在家可能就越会感到拘束，可能更会在接触社会、走向自立的多样化道路上迷失。

图表 4-4 中②所示，我们正面临着仅由父母和子女组成家庭的时代极限。但是，由于无法很好地描绘出超越它的新家庭画像，便容易认可②中的家庭画像，即如果父母能专心育儿，问题就会迎刃而解。很多时候，援助人员也要求家人先解决蛰居问题。而这些，也许是面临蛰居问题和"8050 问题"时，无能为力的家庭画像。

怎样才能摆脱由父母重新养育子女的援助观念呢？父母反省家庭内的沟通问题，转告子女接受援助的顺序，就相当于再次执行"育儿"的程序。对方尚未成年时，从家庭到学校推动子女向自立的方向发展是自然的。但对于已经成年的、有工作经验的、老龄化的子女来说，很难走这条路线。本人期待的，也许不是接受家人的"重新养育"，而是实现作为"大人"的需求。

"复原"的想法

蛰居援助中，在家庭成员正常的生活中，会认为"需要援助的只有蛰居本人"。为了改善状况，家人尽可能地对本人进行协助，而本人要想独当一面地生活，首先就要摆脱蛰居状态。但是，直到现在大家才逐渐意识到，这样的想法不仅束缚了本人，也束缚了家人。

患有精神疾病的人，与疾病共处的同时，也能逐渐拥有人的希望和社会角色，度过充实的生活，这个过程被称作"复原"。据此，无论是本人还是家人，突破蛰居状态的尝试，哪怕是一点，都是消除孤立现象的捷径。

存在被社会孤立风险的不仅仅是当事人，援助目标可以扩展至预防全家陷入孤立状态，而且将找回（复原）自己的生活方式。

以往蛰居援助基于"通过重新养育子女，呼吁消除蛰居"，顺序是由家人到蛰居者本人。但成年后的子女所渴望的是父母的重新养育吗？另外，家里是否有重新养育子女的余力？

而且，比起按照蛰居援助的项目单，蛰居者本人及其家人更容易接受的是广泛的"复原"和预防孤立的呼吁。当然，要消除蛰居状态并不简单。积极行动起来，对家人和本人来说都是难关，倒不如把目标设定得宽泛一些。

何为对家庭的全面援助

传统蛰居援助以家庭为单位，按照"家庭→本人"的顺序进行，与此不同，全面援助是以个人为单位，意图满足每个家庭成员的需求（图表4-6）。这种援助也可视为全方位围绕个人的援助项目单。

人们往往认为自立就是不依靠任何人生活。与之相对，在东京大学从事儿科研究的尖端科学技术研究中心的熊谷晋一郎从患有脑瘫障碍的立场出发，提出了"依赖对象分散下的自立"的概念。即个人不仅只是依赖家人，而是改变想法，增加家庭以外的依赖对象而自立。

"不愿给别人添麻烦"的想法，会把依赖对象局限在家庭内部，不久可能会导致整个家庭陷入孤立。确实，当家人一起奋斗时，也许会觉得正在走

图表 4-6　以个人为单位的综合援助

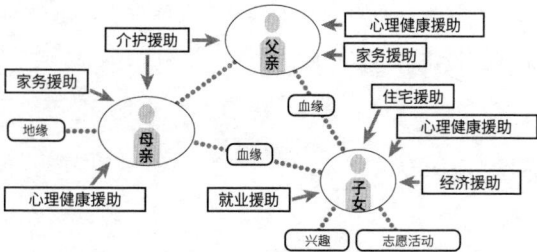

向"自立"，但家人也会迎来年龄的增长和体力的极限。家中可依靠的人若有减少，某个家人的负担就会增大，原本是要实现"自立"，却对特定的人产生了更强的依赖。或许，应该更早地寻找家庭以外的依赖。

全面收集信息，了解个人需求

第三章图表 3-1 所示的"全面信息收集和援助项目单"，目标是以找出蛰居者本人及其家人抱有的一切需求。按照同样的想法，不是以家庭为单位来考虑援助，而是将家庭中的每个人都作为援助对象来加以考虑。

　　有蛰居子女的父母，作为"父母"被定位为援助对象。父母认为"子女优先"，很难关注自己的晚年生活。即使有需要照顾的子女，也有必要考虑诸如"即将迎来七八十岁"的个人需求。积极满足父母的需求，也有利于家庭向外打开。尽量解除父母家长角色的束缚，也是前面提到的"复原"。

　　子女本身也被子女角色束缚。在练马案件中，被父亲杀害的长子曾在 SNS 中写道："我想说的是，我是按照父母的意愿被生下来的，直到死前的最后一秒父母都要承担对子女的责任。"正如前面所提到过的，和父母同住，对子女来说也未必是希望的选择。但是，处于无业或蛰居状态的人，除了父母，无处可以依赖，最终不得不拘泥于"亲子"框架，只能说这样的结果并非出于本意。

蛰居者本人的自由与责任

　　生活在发达国家的年轻人，基本上都是衣食无忧的。依照第三章中介绍的马斯洛需求层次论，他们的基本需求是可以得到满足的。但实际上，大部分是由父母确保满足的这个基本需求，即基本生活条件。特别是在图表4-4②所示的时代的家庭中，父亲的经济能力决定了家庭的生活。就像"生活工资"一词所示，父亲所属的企业保障了为养活妻子和子女们所必需的工资。因此，家庭成员中的女性和年轻人，即使经济能力不足，也不会被评价为"贫困"。应该保障生活的对象是代表家庭的父亲，而不是作为个人的妻子或子女。

实际上，对于有蛰居子女的家庭，有时会被建议"不应该和本人谈论钱和家庭开支的事情"。与其考虑经济问题，不如让本人接受教育而实现自立，这是②所处年代对蛰居援助的想法。现代富有的年轻人，不会单纯地为经济上的动机所驱动，因此有人认为，应该用准备获得他人认可的机会等方式来激发他们内心的"认可需求"。但是，它的前提是生活在父母身边。与此相对，我们也有必要考虑将完全不依赖家人的生活纳入援助的范畴。

即使处于蛰居状态，如能保障他在生活上的自由和责任，那么本人也有可能与外界恢复关系。比如，也有报告指出，有些人通过领取残障保障金，不再只被视为由家人照顾的存在，而是可以靠自己判断支配金钱的主体。

在日本，人们普遍认为不能自立的子女，包括经济能力在内的基本生活条件都要依靠父母。与此相反，在使年轻人个人生活下去的经济援助和住房保障制度方面，都有所缺失。以蛰居问题和"8050问题"为契机，是时候认真思考什么才是让年轻人自己承担自由和责任的社会构造了。

如何接受以个人为单位的自立

实际上，对于这种以个人为单位的"自立"，蛰居族的父母大多是有抵触情绪的。其背后理由之一是，他们的目标是蛰居者实现独自支撑起生活的"完美自立"，而非边接受福利援助边实现自立。

"在达到任何人看来都不会感到羞耻的自立之

前，家人会支持的。"相反，如果没有理想的自立机会，很容易只剩下"仅由家人守护下去"的选择。

然而，家庭并不一定是构筑理想人际关系的场所。家人之间互相支持，也需要度过不少难关。如果存在家庭暴力，那么需要确保父母和兄弟姐妹能够在其他地方生活或者有让蛰居者拥有独立生活的空间的综合性援助。另外，如果蛰居者本人收入不足，也可以向其建议申请领取生活保障。

如上所述，难道不应该将帮助父母和子女各自实现新生活的援助纳入视野吗？因为以个人为对象进行全面的信息收集与不被消除蛰居所束缚的家人，重新出发都需要复原。

家人守护的"极限"在哪里

让我们重新思考一下，家人在守护蛰居子女时的"极限"在哪里呢？不仅仅是子女的蛰居，有的案例中，整个家庭都穷困潦倒，被发现时双方已处在"共同倒下"的不幸状态中。有的案例中，随着年龄的增长，父母的行动越来越不自由，直到去世前还在照料子女。还有诸如第二章所述的由地域全面援助中心参与的案例，在不少案例中，蛰居的子女对高龄父母施加了暴力或虐待。

精神科医生斋藤环把"金钱""寿命""暴力"作为家人守护极限的标准。"金钱"方面，有被称为"生活贫困者能够利用的最后安全网"的生活保障制度，包括此人可使用的现金在内的资产、劳动能力之外的一切。即使这些都充当生活费也不能维持生活最低限度的情况下，可以利用生活保障制度。申请生活保障后，政府会调查此人的收入和资产，并询问其家人"是否有能力扶养"。尽管民法规定有"亲子、夫妻、兄弟"关系的人有扶养义务，但限定在"彼此分享一片面包"的强烈扶养义务的范围之内。父母在子女还未成年时，虽然必须保持"让孩子和父母过着相同水平的生活"，但子女成年后，若父母自己生活尚有余力，可以帮助孩子。

老龄基本养老金必须满足领取养老金的资格期限等条件，满 65 岁时方可领取。如果缴纳保险费困难，也有法定免除制度，子女没有工作时，可以考虑申请养老金费用免除制度。

有关"寿命"，介护保险制度面向的是随着年龄增长、身心变化引起疾病，需要护理的人群，目的是为他们在入浴、排泄、饮食等方面需要护理时提供服务。本书也介绍了通过利用父母的看护服务，子女获得外部援助的案例。以父母自身的老龄化为契机，积极利用服务，是防止整个家庭陷入孤立的一步。

另外，据说10%~20%的蛰居族会有"暴力行为"，斋藤指出，在面对家庭暴力的时候，最重要的是坚决贯彻"彻底拒绝暴力"的基本态度，应以"公开、报警、避险"为基本方针来应对。

厚生劳动省发布的《关于蛰居的评价、援助指针》（2010）中介绍，在很可能发生自残、伤害他人的情况下，可以为他们介绍基于《精神保健福利法》的措施住院、医疗保护住院制度。

如何拯救极限家庭

"婚活""终活""妊活""保活"……这些都是诞生于平成时代的词语。结婚、生子、为了工作把孩子送去保育园等，也不再是顺其自然的，而是变成了必须做出选择和行动才能实现的事情。

那么，组成一个什么样的家庭生活下去，已经成了个人选择的问题了吗？的确，人们的生活方式可能变得多样化了，但并没有被平等地提供选择的条件。

从儿童虐待事件的报道中我们可以体会到，孩子本身是无法选择出生家庭的。对那些无法在家中安心生活的不幸儿童，尽管进程缓慢，社会也正在逐步完善保护机制。

回想起平成时代开始的时候，很多人都认为，"我无法相信父母会虐待自己的孩子。在日本，虐待并不是大问题"。《防止虐待儿童法》是在 2000 年出台的。

同样在 2000 年，公共护理保险制度开始实施，和育儿一样用公共服务来支持过去被视作家庭内部问题的护理。这一常识始于平成时代，在 30 年中被反复地迭代。

如本章所述，过去无法与地域共同体分离的家庭以小家庭为单位开始生活，认为外部不应该干涉家庭内部事务的价值观得到扩展。这就是昭和时代的战后型家庭。

但是，小家庭并不只是单纯地以家庭形式存在，有形或无形地支撑着家庭的战后企业、社会不再坚如磐石了。另外，无论是育儿还是护理，家庭都达到了"极限"，政府以此为教训建立了新的制度。

正如"8050 问题"，老人和子女之间的关系应该是滞后于以上变化的领域之一。以战后型家庭为理想家庭模式来养育子女的这代人，在育儿援助和年轻人就业援助正式开始之前，早就已经为人父母了。因此，他们很难从"子女自立是父母的责任"这一意识中逃脱出来。可以说，比起越来越普遍将父母交给养老院看护和中年离婚等，对孩子负责、倾注情感，是在家庭最后遗留的净土。

就这样，父母和子女相依为命，一起忍耐到极限，耗尽体力和财力，最后共同倒下。在拯救每一个极限家庭的同时，是时候重新思考社会迎来极限的家庭画像了。

超越"亲子共同依存"

正如本章所述，迄今为止对蛰居族和青年的援助，无形中都以战后型家庭的框架为前提。战后型的家庭观所大力提倡的是子女依赖父母，最终和父母一样谋求自立，独立自主地生活。因此，自立意味着失去从父母那里得到的基本生活基础，重新依靠自己的双手生活。

对于难以自立的本人来说，即使和父母住在一起有压力，也会出于经济原因不得不与父母同住。父母一方似乎也在寻求帮助，但最终还是希望由自己来支撑子女。这是因为，如果强迫蛰居者本人去获得新的生活基础，很明显会被孤立。

与此相对，熊谷先生提出的"增加可依赖对象"

这一自立观则富有启发性。可以说，可依赖对象有限，这正是产生只靠家人援助直至极限这一悲剧的原因。即使子女被迫自立，但如果没有可依赖对象，也只会变得孤立。同样的，所谓家庭单独自立，就相当于家庭整体的孤立。

有一个词叫做"共同依存"，是指周围的人（共依赖者）过度支持有问题的人，反而变成了妨碍他们自立的一种状态。在此之前，本书特意没有使用"共同依存"一词。但是，看到未能摆脱父母角色、一直支持子女的父母的模样，想必很多人会联想到"共同依存"。

教育评论家尾木直树曾提到，十几岁的孩子里出现叛逆期的越来越少，有些亲子关系中，子女进入青春期也要一起洗澡，这些现象暗示的都是"亲子共同依存"。

但是，仅仅批评个别父母属于"共同依存"是不够的。共同依存，恰恰反映了家庭以外，缺乏可依赖对象的社会现实。重要的是，不能因急于实现完美自立而陷入孤立，而是要增加家人以外的可依赖对象，从微小的困难开始群策群力，共同讨论解决方法。

几十年后，当我们回顾在川崎市和练马区发生的不幸案件时，希望它们会留在人们的记忆中，成为跨越极限家庭、创造新家庭观的契机。

本章继续由山田孝介执笔，介绍陪跑型援助的案例。蛰居子女的存在，使父母放弃了享受自己的生活。有时父母还甘愿承受暴力，甚至上了年纪也无暇考虑晚年的生活。本书再三强调，为了提高包括本人在内的每个家庭成员的生活质量，有必要收集家庭全体成员的信息来制定援助政策。

年迈的父母在经济上和精神上都疲惫不堪，包括蛰居者本人在内的所有人都可能被孤立。有时候需要的不再是以家庭为单位，而是各自独立地重新建立起生活基础。

另外，不要把蛰居者本人看成是单方面被援助的一方，而应该把他与老人、援助人员一起加入到思考家庭未来的行列中，或许这会恢复本人的自信和自由的判断力吧！

对整个家庭的援助也没有固定的正确答案，但是，为给悄然封闭起来的家庭内部关系带来新的改变，作为尝试，请阅读本书最后的山田先生的援助案例。

援助案例 3

处于蛰居状态的齐田亨（化名，20多岁）

援助人员给受到家庭暴力困扰的父亲智树（化名）、母亲峰子（化名、均为50多岁）提出了报警和避险等应对措施。为了防止再次发生暴力行为，他们建议让父母和子女分开生活。

蛰居的契机

中学毕业后，亨就职于当地一家汽车维修公司，但苦于工作单位的人际关系，一个月就离职了。据说，他因不擅长与人沟通，遭到前辈们的嘲笑而感到受伤。

但是，父亲智树无法接受这一理由，斥责了亨，由此引发了亨的暴力行为。亨扔出的杯子直接击中了智树的眉梢。亨整晚都在哭诉：自己一直受到欺负，跟智树他们商量，他们也对此无动于衷。

智树和峰子为此感到震惊，他们决定好好听亨说的话，遵从他的意愿。他们以为，这样亨就能重新振作起来。然而，现实却并非如此。亨开始不停地催着要钱，不给就会使用暴力。

"我已经无法出去生活了。变成这样都是你们的错！"

这些话已经变成了家常便饭。峰子虽然惊诧于亨的变化，却总是在游戏和漫画方面对亨有求必应，生活中对他百依百顺。另外，智树尝试着要和亨谈谈将来，峰子却以"不要刺激他"为由加以阻止，智树也只好就此作罢。就这样，日子一天天流逝而过了。

蛰居的状态

那天，我去办公室上班时，智树正在等我。他告诉我，自己受到家庭暴力的困扰，希望获得帮助。智树的脸上有好几处发青，眼皮也是肿的。听说是前一天深夜，他和亨起了争执而遭受了暴力，反抗之后更是一发不可收拾。从中调和的峰子求他出去，在公园度过一夜后，智树来到了 NPO 的援助窗口。

我听他讲述了目前为止的经过和暴力的情况，传达了作为家人应该采取的措施。措施的具体内容是，即便是要控制刺激亨的言行，也要坚持贯彻绝不允许暴力的态度。遭受暴力时不要以暴制暴，而是要离开现场避险，根据情况选择是否报警。

采取避险或报警等措施时，家人再次和蛰居者本人接触的时机以及当时所用的语言等，会改变问题今后的走向。因此，我告诉他们采取行动时务必要和我商量。智树似乎是看到了今后的希望，表示要回家"和妻子也商量一下"。

援助的方法

之后过了一个月左右，我突然想到齐田家的后续情况，便联系了智树。正巧，智树也打算再来找我咨询。

"上次之后，我又遭受了儿子的几次暴力。每次我都想要避险或报警，但一想到这样儿子会恨我们一辈子，就没能采取行动。倘若避险或报警，便会变成大事，还会给邻居们添麻烦。"

我首先为他介绍了应对家庭暴力的家属援助团体。这是因为，我认为仅靠父母和援助人员讨论，很难改变对家庭暴力的态度。需要面临相同情况的家属们定期聚在一起互相交流经验，不断地学习如何去应对蛰居问题。

参加聚会的人员中，很多都经历过避险或报警，聆听他们的经验，可以想象到自己一旦采取行动后会怎么样、该怎么做。于是，智树和峰子开始定期参加团体的聚会。

此后，我和齐田夫妇也会定期进行面谈。受到参加聚会的影响，我感到他们中间开始逐渐形成不掩盖家庭暴力而是选择对外公开的氛围。

由于亨的暴力属于慢性发作，智树着手做了一些准备。他租了一间公寓用来避险，还嘱咐亲戚一旦自己避险，切勿将地址告诉儿子，等等。

未曾想到，因为感到"声音吵"而愤怒的亨对智树施加了暴力，他们便逃了出去。此时，我给他们制订并建议了三个方案：

①采用某种方式联系亨，明确告诉他如果不停止暴力，父母就无法回家。

②告知亨会继续管他。

③告诉亨自己年纪也大了，有的事情可以做，有的事情做不了，现在也正在向援助机构（我运营的 NPO）进行咨询。

为了传达这些信息，智树想联系亨，却又担心他会强烈抗拒，于是决定写信。但是，亨没有检查信箱的习惯，有可能看不到。于是由我代替他们去送信。到他家后，亨很快就露面了。当他看见只有我独自一人站在家门口时，表情非常惊讶。

　　听了我的来意后，亨礼貌地低头说道："给您添麻烦了！"他给我的印象和我从他父母那里听到的描述大相径庭。我本以为他会激动地质问我"爸妈在哪里"，未曾想他很平静地说起了事情的经过。他向我诉说了自己胸中的苦闷、对父母使用暴力的悔恨与痛苦和自己别无他法的理由。

　　我把信转交给他，并谈到今后的事情，亨向我坦诚道："我一看到父母就无法控制情绪。"于是，我建议他暂时和父母分开居住。这天，我暂时先打住了，有关经济援助在内的未来援助，我决定之后再和他商量。

　　当我转达给智树时，他显得很为难："年迈的母亲病了，医生联系我说需要护理。我是家中独子，只能辞去工作，对儿子的生活援助也有困难。"

　　听了智树的情况，我让他优先安排自己的生活。这是因为，如果贫困拮据下强撑，会有亲子共同倒下的危险。要明确地整理出可以做到和无法做到的事情，一起研究是否可以利用国家的公共制度。

　　于是，我首先听取了亨的健康状态以及今后的希望，对可加利用的制度进行了说明。亨说只要去人多的地方，就会心悸喘不上气，回到家就会卧床不起，我便陪同他一起去医疗机构就诊。虽说眼下的生活费最让人担心，但是医生的诊断结果显示，"目前的情况很难就业"，无法很快到普通公司工作。

后来，亨在情绪恢复后通过就业转移援助业务处找到了工作。起初亨也想和父母一同生活，但担心自己还会为了一点小事施以暴力，于是离开父母家独立生活，智树夫妻也回到自己的家。亨的收入不足以维持生活，因此领取了生活保障费，今后也继续独立生活。

从援助人员的角度来看

很多家庭都有长期受到家庭暴力的困扰。刚开始出现暴力的时候，如果不采取坚决的对策就会导致其缓慢发展，变得很难介入。这一案例，介绍了援助团体来帮助那些对报警或避险有所顾虑的家庭。其结果是，为了防止暴力再次发生，家人和蛰居者分开居住，各自生活。

并不是只有全家人成为一个整体，来支持蛰居者本人自立才是最好的方法，有时为了保证家人各自的生活质量，有必要暂时分割生活单位，寻找分开解决问题的道路。

援助案例 4

处于蛰居状态的畠山明彦（化名，50多岁）

上班缺勤、拖欠房租的明彦被父亲昭吉（化名）带回了自己家，与此同时还要照顾生病的妻子一绘（化名，均为80多岁），全家人都承受着很大的压力。

蛰居的契机

大学毕业后，明彦在首都圈就业，开始独自生活，几乎和家人没什么联系。

工作3年左右，一家未曾听过的公司给明彦父母打来了电话，问道："你儿子不来上班，到底是出什么事了？"因为公司名称和明彦说过的工作单位名称不一样，父母想和明彦本人确认，却怎么也联系不上，于是昭吉给明彦曾告诉过自己的工作单位打了电话，才得知他已经离职了。

担心不已的昭吉去了明彦的公寓，给他开门的却是头发长过肩膀、胡子拉碴的儿子。和明彦聊过之后昭吉才得知，无论在哪里工作都容易出错，他因此失去了自信而离职，接着又寻找下一份工作，就这样周而复始。目前也无法上班，房租也拖欠着，随时有被赶出去的可能。昭吉他们判断，儿子目前的情况无法再独自生活，便缴清了拖欠的房租，带他回了家。

蛰居的状态

前来找我咨询的昭吉，膝盖患有严重的风湿性关节炎，他是拄着拐杖来的。他咨询的内容是如何让蛰居的儿子自立。

当初，明彦非常积极地找工作，却迟迟定不下来。这种情况持续了一段时间后，明彦的情绪突然崩溃了。他从床上再也起不来了。只有在吃饭的时候才会出房间，而且时间不规律，昼夜颠倒，醒着的时候大多也是在床上度过。

昭吉对此看不下去，斥责了明彦，他们扭打了起来，之后即使碰面也不说话。这种情况一直持续了 20 多年。

在家中能与明彦对话的，只有一绘。有时候他还会陪一绘去购物，二人的关系还比较好。一绘去年查出癌症动了手术，情况也不容乐观，至今仍在坚持化疗。

一绘开始接受治疗后，无法像以前那样做家务了。明彦会帮忙，但也许是不愿意和昭吉碰面，他总是深夜出去买东西。昭吉患有严重的关节炎，加上不擅长做家务，感受到了很大的负担，家中很快就变得杂乱无章了。昭吉感到了精神上的压力。

援助的方法

为了进一步了解情况，几天后，我去了昭吉家中一趟。家门口堆着的垃圾袋散发着臭味。客厅的地板上到处都堆着报纸，桌上也胡乱摆放着文件、传单和药袋等。

昭吉说明了情况："这里的大部分东西我其实都想扔掉，但是儿子会生气，他说是很重要的东西。您再看看他的房间，太糟糕了！"

我也想听听明彦的想法，便让昭吉去叫他，但没人应答。虽然昭吉想方设法把明彦叫出房间，然而对蛰居者而言，违背他的意愿强行去做，往往会适得其反。那天，为了先不给明彦造成压力，我留下了信件和援助窗口的刊物，便回去了。

之后，昭吉给我打来了电话："您到访的那天，我儿子没做什么过激的反应。您带来的杂志也没被扔掉，估计他自己也在思考问题吧。更严重的是我的妻子，她需要增加化疗的强度，每次都要住院，治疗费的负担太重了。"

　　昭吉还说想把房子和自己收集的古董变卖，听上去有些语无伦次。为了确认一绘此后的治疗情况，我和昭吉一起拜访了医院的社会工作者。这是因为，根据情况或许可以利用治疗费的减免制度。

　　社会工作者告诉我们，由于治疗需要时间，要负担相应的医疗费。我说明了畠山家的经济状况，得知可以立即使用减免制度，便请他们迅速办理了手续。由此，已经支付的医疗费用得到一部分返还，今后的治疗费用也可以控制在限额之内。

　　昭吉对我说："虽然医院的走廊上贴着海报，上面写着'如果医疗费的支付有困难，请随时咨询'，但我想当然地以为这个制度是为了帮助更困难的人，和自己无关。没想到不知不觉间自己也成为了这种情况。"

　　经济上的不安得到缓和后，似乎也没过多久，灾难又降临在了昭吉的身上。他踩着椅子想要去取柜子上的调料，却踩了个空，摔了下来。所幸没有骨折，却由于剧痛而坐上了轮椅。和主治医生商量后，他决定使用护理保险中的居家护理服务。

在使用护理保险服务的恢复期间，明彦也发生了变化。之前他尽量躲避昭吉，如今开始关心坐轮椅生活的父亲，有时还会主动打招呼。

后来，明彦告诉我他最后决定要和我见面的缘由。

"有一次，我看了父亲放在桌上的存折，余额比我想象的要少得多。当我质问父亲时，他突然哭了。我第一次看到总是在生气的父亲哭泣的样子，便知道我们家已经到了'极限'。"

在家人的日渐疲惫中，明彦的心情也发生了变化，他开始考虑寻求外部的援助。

"如果我没看到父亲和援助人员的小册子，就不会去任何地方咨询。"

明彦自己无计可施，只好依靠外部机构。他告诉我，如果没有家人和周围人的帮助，可能事态会变得无可挽回。

明彦开始利用生活贫困者自立援助制度的就业准备援助。作为就业准备援助的内容，他所在的地方政府每周都会让他参加几天护理用具的清洁工作，这样可以逐渐找回白天活动的节奏，并和介护职员进行沟通，为到企业就职做准备。

明彦参加了好几个星期的清洁工作，之前一直避开与外界接触的他产生了压力，常常会无故缺勤。对此，昭吉感到不满，有时也会和他发生冲突。轮椅生活的不便导致昭吉情绪变得不稳定，据身边的护工反映，他开始出现了认知障碍的症状。

从援助人员的角度来看

多数存在"8050问题"的家庭，不仅要面对子女的蛰居问题，还面临着各自父母的健康恶化、经济拮据、居住环境恶化等多个问题。家庭的核心人物为了维持整个家庭而孤军奋战，但倘若此人筋疲力尽，那么全家就可能会共同倒下。

援助人员需要综合把握家庭的整体状况，优先应对紧急级别高的问题。这一案例是以"痛点"为契机，家人得知了援助人员和援助制度的存在，父子虽有各自的烦恼，却持续摸索着，让生活稳定了下来。

结
语

社会孤立就在身边

"如今，蛰居的老龄化问题和'8050问题'为何越来越严重了呢？"

最近两三年，报纸和电视台的记者每次采访我都会提出这个问题。其详细内容正如本书所述，笔者认为，人口结构和年轻人雇佣环境的变化等多种因素相互叠加，使得现在问题越来越严峻。

曾经有一段时期，蛰居问题被视为年轻人特有的课题。但是，由于上述的综合原因导致的蛰居问题明显呈现出长期化、老龄化的趋势，问题变得更加复杂，试着寻找方法援助那些被社会孤立的人，并不简单。

"父母要尽责到什么程度呢？"

"为了照顾老人而辞去工作的人，应该怎样回归社会呢？”

"在对亲子关系感到不安的同时，如何度过漫长的晚年呢？"

每当新闻刊登出两代人共同倒下的报道时，就会有记者提出代表大众心声的问题。我们可以切身感受到，在现代日本，社会孤立就在身边。

不为人知的"8050问题"的真相

"8050问题"有时被当作单纯的"成人蛰居"问题来讨论。每次未能触及问题的本质和真相，这让笔者感到焦躁。

平成时代，涌现出了蛰居族、尼特族、自由职业者等表示社会问题的新词语。为了解决这些问题，国家采取了一些支持年轻人就业的措施，但还不够充分，未解决的问题堆积如山。可以说，我们正在面临着这些"债务"。

如前所述，对曾经脱离过一次社会的人，这个国家缺乏援助机制。对处于儿童和老人之间的"壮年期"人群的援助也不充分，支持他们的只有自己的家人。即使面对成年子女，家人也要承担、负责，这一意识也深深根植于传统文化的家庭观中。与社会表面的变化相比，我们必须承认，人们内心深处的文化和情感是难以改变的。怀着这样的想法，我将此书命名为《8050问题：如何拯救极限家庭》。

"8050问题"的实际情况呈现出多样化，针对每个人的策略也并不十分明确。现在，很多人开始把它当作一个切实的问题来看待，我十分期待以此为起点，进一步把握实际情况，推进援助措施的健全与完善。

借此机会，我要感谢在本书的基础调查研究过程中给予我帮助的人。曾经有过蛰居经历的人及其家人与援助者们的陈述，以无形或有形的方式奠定了本书的基础。

另外，文部科学省的科学研究经费补助是笔者研究长达近20年的支柱，NPO法人KHJ全国蛰居家庭会联盟从厚生劳动省承接的社会福利推进事业，成为了正式着手解决长期化、老龄化问题的契机。

NPO 法人橘子会的山田孝介为大家介绍了许多来自援助现场最前沿的事例。

最后，我想对提议紧急出版本书的 NHK 出版社的祝尚子女士表示感谢。不管是蛰居问题，还是"8050 问题"，都不存在通俗易懂的正确答案。在有限的时间里，我曾多次停笔，止步不前，每次她都坚持不懈地引导我进入下一步。

希望本书能对陷入社会孤立无援的人有所帮助。

2019 年 8 月

川北稔

8050WENTI

8050 问题

8050MONDAI NO SHINSOU:'GENKAI KAZOKU'WO DOU SUKUUKA
By Kawakita Minoru
©2019 Kawakita Minoru
Originally published in Japan by NHK Publishing,Inc.
Translation rights arranged with NHK Publishing,Inc.
Through Maxinformation Co.,Ltd.,Tokyo
and Beijing Kareka Consultation Center,Beijing
著作权合同登记号桂图登字：20-2025-001 号

图书在版编目 (CIP) 数据

8050 问题：如何拯救极限家庭 /（日）川北稔著；
马静译 . —— 桂林：广西师范大学出版社，2025. 3.
（下班半小时）. —— ISBN 978-7-5598-7948-6

Ⅰ . D731.38

中国国家版本馆 CIP 数据核字第 20256JW461 号

广西师范大学出版社出版发行

　广西桂林市五里店路 9 号　邮政编码：541004
　网址：http://www.bbtpress.com
出 版 人：黄轩庄
责任编辑：吴赛赛
助理编辑：杨雯潇
装帧设计：周伟伟
内文制作：张　佳
全国新华书店经销
发行热线：010-64284815
北京盛通印刷股份有限公司印刷
　北京市经济技术开发区经海三路 18 号　邮政编码：100023
开本：710mm×960mm　1/32
印张：7　　　　字数：92 千
2025 年 3 月第 1 版　2025 年 3 月第 1 次印刷
定价：49.00 元

如发现印装质量问题，影响阅读，请与出版社发行部门联系调换。